ぼく、街金やってます

悲しくもおかしい多重債務者の現実

テックル［著］

KKベストセラーズ

ぼく、街金やってます

悲しくもおかしい多重債務者の現実

イラスト —— natsumi
装丁 —— 花村 広

◉はじめに ―― 街金のこと、教えます

はじめまして。

池袋北口の風俗ビルに入居する街金ではたらいているテックルです。

投資家たちから年利10%でお金を借りて、債務者に15%で貸しています。

まず、街金を誤解している人が多いので、説明させてください。

街金と闇金はまったくベツモノです。

国や都道府県に貸金業者として登録して、強烈な監視の下でお金を貸しているのが街金です。

街金は、法律で定められた金利の範囲でお金を貸しています。

範囲といっても、上限いっぱいですが。

取立ても当然ルールの範囲内でやっています。

いまは、夜中に取立てしたり「おいこら！　内臓（自粛）」とか脅したり、勤務先に取立てに行ったり、家族から取立てたり、これぜんぶアウトです。

街金はルールをギリギリ守り、法定金利の上限ギリギリで貸しています。街金はギリギリセーフなんです。

だから、街金を闇金とごっちゃにされるのは心外です。闇金が「ワシ街金王！」とか言うからややこしくなるんです。

銀行やノンバンクから借りられない人に貸すのが街金、急な資金需要にも対応するのが街金、債務者との距離感がとても近いのが街金です。

街金は、債務者の資金繰りに口出ししたりします。

回収をスムーズにする目的が大半ですが、債務者の再起の可能性を模索しながらアドバイスすることもあります。

街金にお金を借りに来る人は、前述の通り、どこからもお金が借りられない人なので、街金の顧客は全員債務超過と言っても過言ではありません。

なのでぼくらは、債務者との距離を近く保ち、関係を築き、ちょっとした変化も察知できるようにしておく必要があります。

これを徹底しているので、弊社は創業以来貸倒れゼロです。これ自慢です。

ぼくがはたらいている街金では、年間100〜150人の多重債務者に融資をしています。

いまは不動産を担保に融資をしています。債務者が所有する不動産に抵当権を設定して融資をするんです。

不動産を担保に取ってるんなら、貸倒れなんかしないだろ? とお思いでしょ? 街金の場合、抵当権の順位が1番で貸せるケースの方が稀なんです。

弊社は、先順位に銀行、ノンバンクがいても担保に余力があると判断すれば、順位に関係なく貸すんです。余力の隙間に抵当権をねじ込んでるんです。

後方の順位からいかに全額回収するか、ギリギリを綱渡りしている多重債務者に、ルールギリギリで融資するんですから、ギリギリの駆引き、攻防が求められます。

だから、弊社の貸倒れゼロは誇れるんです。

お金を貸すことはバカでもできる。回収まで考えて貸せるか。だからといってリスクばかり考えてたら誰にも貸せないわけです。


街金からお金を借りる人は、90％以上が負の連鎖に陥っています。

借りたお金が生き金にならない。肩代わり、支払い、一歩も前に進まない借金を積み重ねています。お金を生まない借金の利息を払い続けなきゃいけない。だから一瞬も目が離せないんです。

利払日じゃなくても電話します。世間話から資金繰りの状況を窺います。

実情を探るためにアポなしで訪問したりもします。

多重債務者は嘘つきです。嘘のストーリーを構成してお金を借りにきます。

当然です。

正直に話したら貸してもらえないんですから。

そんな多重債務者の人たちは、お金についての発想が根本からズレている傾向があります。債務に追われてズレてしまった人も多いのかもしれません。

お金に対する理性を失ってしまうんです。

お金が最優先、お金のためなら、という発想、怖くないですか。


さて、ぼくが皆さんに何を伝えたいか。


お金の本質を理解すればあなたもきっと豊かになれる、とか、お金は信用から生まれる、とか、そういうのは天上のほうにお住いの方々がお話するものですし、街金が語っても説得力ゼロです。

ぼくがお伝えしたいのは、イメージで言うと、フィンテックの世界じゃなくて、生臭い現金の世界。

多重債務者との攻防で、澱んだ人間ドラマが垣間見えます。

テレビの深夜ドラマで、無名役者の人たちが演じている後味の悪さを残す結末のアレ、です。

そんな深夜ドラマのような日々の中で知ることができた、お金の魔力とそれに取り憑かれた多重債務者の様子をお伝えすることで、世の多重債務者の人たちが少しでも自分たちのことを客観的に見るきっかけを提供できたら、と考えたわけです。

「オレ、毎日お金に追われてるな」

資金繰りに窮している人のお役に立てればと。

「債務者の手助けになることを教えてお客さん減らない？」などの心配はご無用です。

お金のこと、どれだけ説いても、多重債務者は真摯に受け止めることはないので、ぼくの仕事は安泰なわけです。

国が、街金全社が吹き飛ぶくらいの貸金業法改正をしない限り、多重債務者はいなくならないんです。

街金に縁のない人も、ぼくが見てきた多重債務者の生き方を反面教師にできれば、お金で苦しむリスクは多少なりとも軽減できるのではないでしょうか。
天上にお住まいで、お金でお金を生んでるような人たちには、これっぽっちも参考になることはないので、下界は大変だな〜程度で読んでいただけたら幸甚です。

池袋の風俗ビルの一角にて　著者

◉もくじ

［テツクル半生記］

ぼくと街金

キラキラしてた20代前半。ぼくの人生で唯一輝いてたあのころ。

あのころのぼくは、アラフィフになったとき、街金ではたらいてるなんてこれっぽっちも想像してなかった。

当時はたらいていた会社の都合で独立を迫られ、右も左も経営が何なのかもわからない、東京といえば池袋の24歳が社長になってしまったんです。資金繰りの知識もなく、周りの大人たちに助けられ（カモられ）。

世間をまったく理解してなかった20代前半に、保証協会に申込んだら３００万って言われたんです。知り合いのおじさんの、都議にこんにちはしてきなさいっていう指示に従ったら１０００万に増えたんです。もっと借りたいっておじさんに話したら代々木のお爺さん紹介してくれたんです。そしたら３０００万枠ができたんです。

雰囲気だけでなんとか経営を続けていました。

西麻布のアムリタとか、麻布十番のルネスが東京だと思ってました。

羽澤ガーデンなんて連れていってもらったら、ちょい漏れしてました。


ちょう杜撰な経営ですから、すぐお金が底をつきます。

飲み友だちに資金繰りを相談したところ、

「福岡の知り合いが貸金業を営んでいるので、話してみる」

と、その場で電話してくれました。

「明後日東京に来る予定あるみたいだから、そのとき会おうだって」

とんとん拍子で進んでいきます。


朝9時にウエスティンホテルに呼び出されました。

1階のラウンジには、モロやくざなおじさんが3人座ってました。

待ち合わせの相手が違う人であることを祈りつつ、飲み友だちに教えてもらった携帯番号に電話すると、３人のうちダントツでガラの悪いおじさんが
「はいー」
と甲高い声で出たんです。

やだ、ちょう怖い。

このままバックれてしまおうか。

ぐるぐる空回りしてる脳と体が別行動をして、おじさんに向かって右手を上げて合図してしまったんです。


その後のことはほとんど記憶がありません。

意識が戻るとおじさんたちは帰っていて、テーブルには10万円ごとに輪ゴムで束ねられた１００万円と、バカ高いコーヒー代の伝票が置かれていました。

おじさんたちは、朝食も食べてました。

すぐ飲み友だちに電話しました。

「借りられたよ、ありがとう」

「利息、大丈夫？　払っていける？」

「利息？　何も言われなかったよ？」

「まぢで？　トイチだよ？」

終わりました。

僕は20代半ばにして10日おきに10万円払わなければいけない奴隷になったんです。

「たぶん大丈夫……」

電話を切り、脳死状態の頭を殴り必死に考えました。１週間後に入金があったはず。それで返済すればなんとかなる。

はい、多重債務者脳の典型です。

入金予定があっても、その間に生じる支出を全無視した計算を脳がはじめるんです。

当然1週間後に完済できるわけがなく、10日おきにおじさんに指定された口座に10万円を振込み続けました。

なぜか口座名義はおばあちゃんみたいな名前でした。

そんなことも長くは続かず、

「よし、もう無理だ。福岡まで行って謝ったら許してくれるかも。もう200万くらい振込んでるし」


飛行機に飛び乗りました。

脳内シミュレーションしました。

こう言ってきたらこう返す、で、こう来たらこうかわす。

はじめての福岡。が、行き先は金貸しの事務所。

ザ・雑居ビルに入り、会社名も書いてないドアをノックすると、

「はいー」

女の人の声がしました。気が緩みました。シミュレーション通りいけるかも。

でもドアを開けたのは、東京では会ったことがないレベルの強面お兄ちゃんでした。

「どうぞ」

中に入るよう促され、奥の部屋に通されました。

奥の部屋では、ウエスティンホテルで会ったおじさんがニコニコ迎えてくれました。

「わざわざ来てくれてありがとな、今日はどした？」

「はい、実はですね、お金が尽きまして、利息の支払いがキツくなりまして

……」

「んやとぉ！rYoFd82cXr4GNOfRzqsp!EAmJzHN0iHXDP2V6xLkr8dA8plWoQeS7XiCdYN0KXVXSxG6gi7so7!!!!!!TpwTW2iKsFoHAIIS3w40tXlo4hLF71xllc0cD2NiQd8XqK2Yy3Ub!!!!!!1joxhMQtGajUk91XmXIDR2ulvYldhkyvRA9up9XVLEeXkJy8hmJFVyt7J0CeJ0x2vZrJkrh!!!!!!!!!!」

はじめて博多弁で怒鳴られたので、何を言ってるのかまったく理解できませんでしたが、ゴミ箱の裏から日本刀が出てきたり、淹れたてコーヒーが降ってきたり、まぁ散々です。ちょう怖いです。

冷静になったおじさん、

「じゃおまえ働いて返せ」

ぼくのズブズブ奴隷生活のはじまりです。

☆　☆　☆

ドアを開けてくれた恐ろしい強面お兄ちゃんと同居の金貸し生活がはじまりました。強面も24時間一緒にいると慣れるもんです。

朝、どう見ても金融車のベンツを運転して、おじさんを迎えに行きます。

おじさんは毎朝、後部座席でスポーツ新聞を広げてどこかに電話をします。

「巨人3点、中日1点、ヤクルト1点」

会話の意味を理解するまで数日要しました。

事務所に着くとまず掃除です。

なぜか金貸しにはキレイ好きな人が多くて、ちょっとした埃が残っていてもキレられる、ものすごく神経をすり減らす作業でした。

同居人のお兄ちゃん以外の従業員は、全員ぼくを虫扱いです。

債務者ですから当然なのですが、おじさんの水揚げ愛人とか、ジャンキーラッパーお兄ちゃんとか、街で地べたに座ってそうな双子のお兄ちゃんたちに虫扱いされる生活。

「クソラッパー死ね、ゴミ双子揃って死ね、ブサイクキャバ嬢捨てられろ」

脳内ループです。


でも、そんなポジションを逆転するチャンスはすぐやってきました。

従業員はぼくよりバカしかいませんでしたから、パソコン使えるだけで別階級です。

エクセルに入力した債務者情報を条件で並び替えできるようにしただけで、我が社の頭脳扱いです。

「おまえにパソコン買ってやるから帰ってから客の情報入力しろ」

とおじさんが愛人連れてパソコンを買いに行きました。


クロムハーツのショッパーと一緒に持って帰ってきたでかいダンボール。

で、買ってきたのが、キーボードが折りたたみ式になった、大きなデスクトップパソコン。

「ノートパソコンがええんやろ?」


確かに一見うすいけど、ノートじゃないです……。

ぼくは毎日これを持ち運ぶことになりました。


我が社の頭脳の噂が広がり、グループ会社のお偉いさんが頼みたいことがあると次々会いに来るんです。

エクセルの基礎の基礎でトップランカーになれる世界。

クソラッパーと愛人は陰でぼくの悪口を言い、ゴミ双子はあからさまに掌返ししてきました。

このとき知ったのは、おじさんの会社は50社で構成される金貸しグループの1社に過ぎず、グループをまとめる統括部署があり、会長と呼ばれる王様が存在すること。

統括部署に集まる多重債務者リストを50社に振り分けて貸付け、返済期日が迫るとほかの会社が貸付けして、すでに貸した分を回収する。

はい、システム金融です。闇金です。

当時はまったく理解してなくて、ただお金が飛び交う異様な世界、程度の認識でした。

50のグループ会社は、毎月王様に100万円を「統括システム使用料」という意味のわからない名目で上納する決まりがあったそうです。

それと別に、

「おまえんとこ優先で新しい債務者リスト使わせちゃる」

で数百万を取られる、という話も聞きました。

単純計算で月収5000万円の王様は、中洲でも王様でした。

ある夜、おじさんから電話があり
「急いで迎えに来い！」
金融車に乗って迎えに行くと、
「中洲まで急がんかいっ！」
いきなり怒鳴るんです。福岡に来て数週間の僕に向かって、しかもカーナビは
カクカク動く時代だったのに。

後部座席でイライラするおじさん。

渋滞にはまると、

「ソコ！　逆走して突っ込んで右曲がれ！」

と無茶なナビするんです。

逆走して事故ったら東京に帰れるかもとひらめき、逆走を試みると、

「殺す気かっ！」

と怒鳴られる。

理不尽な日々、耐え難きを耐え、です。

おじさんには幼稚園に通う子ども（♂）がいて、これまたクソガキで、おじさんの真似をして
「はやくいけっ！」
と運転席を後ろから蹴りやがるんです。
おじさんが同乗してるときはガン無視を貫き、クソガキだけ乗せてるときは急ブレーキ急ハンドルしたりしてストレスを解消してました。

そんな福岡闇金生活で最悪のイベントが「支店対抗野球大会」。

金貸し各店がトーナメント方式で戦います。

各試合の敗者は、勝者との点差×1万円を勝者に払い、優勝チームが総取りのルールです。

素人の野球なので、経験者人数の差でおそろしく点差が開きます。

コールド勝ちがなくギブアップ制、敗者の社長が勝者の社長に土下座して、「お会計お願いします」

でギブアップが成立という屈辱ルールも各社の燃料になってるわけです。

おじさんの会社の従業員の中にも野球経験者がちらほらいましたが、王様率いる統括部チームのメンツは別格、資本の力を見せつけてきました。

甲子園経験者複数、福岡球団の2軍にいた人まで、従業員じゃないメンバーが何人もいるんです。

誰も文句言えません、王様ですから。

もう草野球のレベルじゃありません。ピッチャーの投げるボールが見えません。すごく曲がるし、すごく落ちます。

清原が投げたバットみたいにくるくる回って飛ぶバット、両軍ベンチからの怒号、お会計で投げつけられる一万円札。

当然、王様のチームがぶっちぎりで優勝し、総取りした現金をキャバクラでばら撒いてました。

野球大会が終わってすぐ、王様からお呼びがかかりました。

「おまえ、あんちゃんの会社で働かん？」

☆ ☆ ☆

王様の言う、「あんちゃん」は、誰もが知る会社の大会長でした。

働くといっても、大会長の会社で雇ってもらえるわけではなく、大会長の資産を金貸しで運用する人たちと一緒に働け、という意味でした。

結局、金貸し。

でも、法定金利。おばあちゃんの口座を使わなくてもいい。

しかも、勤務地は東京。即決でした。3ヶ月ぶりに東京に帰れる。

3ヶ月家賃払ってない我が家に。


おじさんの許可をもらい東京に帰りました。

おじさんは、

「頑張れよ」

と励ましてくれたのと同時に、

「これ集金してこい」

と、関東方面の債務者リストを渡してきました。まだコキ使うんです。

この時点で、おじさんから借りた100万円は月1割の利息にオマケしてもらっていました。

福岡で鍛えた土下座テクで大家さんにもお許しをいただき、ぼくの街金生活、いよいよスタートです。

新しい勤務先はスーツ着用です。

福岡の闇金事務所は、だぼだぼジーンズにネックレスじゃらじゃらしたクソラッパーとか、上下ジャージの双子とか最悪の環境でした。

王様に、スーツ持ってないんですと嘘ついたら、スーツカンパニーで2着買えるくらいの現金が支給されました。

このころには、グループ全体の頭脳扱いされてたので、ちょろいもんです。

王様の汚い字で書かれた住所のメモ通り、上野の雑居ビルを訪ねました。

〝福岡から頭脳が来る〟VIP待遇を妄想してました。

「ささっ、せんせい、こちらの席です。わたしたちのエクセルもお願いできますか」

甘かったです。東京には上がいました。いま思えば当然です。

すっぴんで常にむくんでる女子事務員、毎日超絶機嫌悪いんですけど、エクセル達人でした。債務者リストもおしゃれに色付けされてて、なんて見やすいの。聞けば、某大手ＯＬ↓飲み会のあとサパーのキャッチに引っかかる↓どハマり↓ホストも楽しい↓週４でキャバクラでバイト↓昼間眠い↓本格的に夜の蝶↓ほんとは昼間働きたいの↓メンタルやられる↓常連の金貸しが水揚げという、典型的な堕落事務員でした。

普通の会社を想像していました。

仕事帰りにみんなで飲みに行って、上司の愚痴で盛り上がって、かわいい女子社員もいたりして、社内恋愛とかあって、ノルマ未達のやつ励ましたりとかして。

みんなすごいガラ悪いんですけど……福岡と全然変わらないんですけど。

仕事終わりの飲み会はありました。ほぼ毎晩ありました。

飲みに行ったら高確率でケンカするやつしかいませんでした。

従業員同士、ほかの客、店員、通りすがりの人。

尾崎豊の世界、誰かのケンカの話にみんな熱くなり。毎朝恒例です。


新人が買った高級靴を、マサカリ投法で不忍池に投げ込むやつらでした。

カラオケボックスで「ビールピッチャー10‼　ダッシュで‼!」とか注文してビールかけするやつらでした。

くるぶしくらいまでビールが溜まった部屋で、似てない桑田佳祐とか唄うやつらでした。

気持ち悪くなって部屋から飛び出し、トイレまで我慢できず、廊下にぶちまけるやつらでした。

知らずに通ったほかのお客さんが踏んで滑ってぬれてるのを見て、爆笑するようなやつらでした。お客さん、泣いてました。おじさんなのに。

コットンクラブで踊る嬢に、半裸で絡んでボーイにつまみ出されるやつらでてした。

泥酔して爆睡してる上司の腹に顔描いて、「腹話術！」で大爆笑できるやつらでした。上司の背中の不動明王はちょう怒ってました。

最悪です。福岡より最悪です。

そんな最低な街金生活と並行して、おじさんの債権回収もしなければいけません。

某社を訪問すると、先客がいました。よくあることです。

ガン詰めされてる社長と、ザ・闇金の３人組。

数人いた事務員さんは視界を前方10センチくらいにできる能力があるようです。

ぼくに気づいてくれません。

超絶高利貸しの人って、すぐテーブルの上に足をあげて背もたれギーコギーコするんですけど、靴が汚いとか、合皮じゃね？　とか、突っ込まれ要素を自ら提供するアレ、何なんでしょうか。


「あのーうちも集金なんですけど」

「あぁ!? ワシらがいるの見えてんのに言ってんの？ 見えてないの？ なぁ？」

「ぼくに絡んでもしょうがないんすけどね……待ってます」

社長が助けてって視線を送信し続けてきます。

いや、ぼくも集金に来てるんですけど。


競合他社の猛攻で回収が難航していると、おじさんが債務者に直接電話します。

「おい社長！ ワシの後回しにしてんのなんで？ ワシ出張らすの？」

「え、こないだ払いましたけど」

おい社長、ほかの取立てとごっちゃになってるやんけ。

おじさん、ぼくが使い込んだとちょうキレます。

「いや、もらってないですよ。よそと勘違いしてるんじゃないですかね。クソ債務者とぼく、どっち信用するんですか」

「おまえもクソ債務者やけん、どっちもどっちやろが。はらかくけん、二度と電話してくんな」

はい、おっしゃる通りです。まだ債務者です。元金の3倍くらい払ってるクソ債務者です。

3ヶ月、コツコツ築き上げた信用も、一瞬で崩れます。

しかも第三者の適当な発言で。

でもおじさん、翌日には、

「東京でしか手に入らん靴あるんや、こないだ藤原ヒロシが履いてたやつや。3足くらい買って送ってくれんか?」

と電話してきます。東京限定を同サイズ3足仕入れろとか、無茶しか言いません。

あのころのぼくは、おじさん奴隷のストレスをぜんぶ債務者の人たちにぶつけ債務者だった皆さん、元気ですか？　あのときはごめんなさい。
ぼく、どうかしてたんです。実は、ぼくもあなたと同じ債務者でした。
ぼくはいま、あなたたちをネタにしています。
貴重な経験を、ありがとう。
ぼくとあなたが落ちた借金の穴。
底なし沼に落ちた。助けて。誰も助けてくれない。どうして、どうして。
這い上がろうともがけばもがくほど深みにはまる底なし沼。
でも実は、あなたの落ちた穴、上からみたら底が見える小さな穴。
大丈夫、無理しない。借金なんかに身体張らない。
ほら、ぼくいま、街金。生きてます。

ていました。

☆　☆　☆

福岡では、手形、小切手を担保にしてました。

東京では不動産です。

査定についてはちょう曖昧な教育でした。

「みんなの見て覚えろ」

そのみんなも、ちょう適当な査定をしてるので、まったく参考になりません。

「借りたいって金額の半分まで貸しとけば外さない」

と、従業員のひとりは言ってました。そんなレベルです。


地番の調べ方、謄本の取り方、偽造委任状での戸籍謄本の取り方。

先輩と某町役場に債務者の本籍記載の住民票を偽造委任状で取りに行き、同町内に本籍があると判明すると、先輩は一度役場を出て、2分後に、

「戸籍の委任状もらってきました」

と提出してました。おおらかな時代でした。

おそらく、日本で一番ゆるい街金でした。債務者にではなく、身内に。

大会長は、金貸しで運用と言いつつも、利益を求めていませんでした。後輩たちが食べていくために資産を投下してやる、元金は減らすな、利息稼いで頑張れ、というものでした。

当然、全員大会長に甘えます。甘えまくります。

もちろん、遅延してる債務者には取立てに行きます。地方でも出張して取立てます。

取立てした利息を、

「すいません、昨晩呑みに行って、溶かしちゃいました」

とか平気で言う従業員がいるんです、何人も。

「おまえ、ふざけんなよ。次の給料から引くからな」

上司もそれだけです。普通の会社ならどうなるんでしょうか。

たまに、翌日の貸付金持って帰宅するやつもいるんです。

明朝直行したいから、という理由だけでです。

翌日の貸付金5000万持って軽く一杯、のつもりがいつも通り酩酊するまで飲んでしまい、気づいたら5000万失くなってた、というやつもいました。

さすがに、こいつは超絶詰められてましたが。


そんなゴミメンツの中に、数人まともな人がいたんです。

その人たちは、独立、起業していまでも活躍しています。金貸し以外の道に進んだ人もいます。

ぼくの直属上司もまともな人でした。5つのチームで構成された街金でしたが、回収率、貸付残高も常にトップ、配属に救われました。

上司には、取立てをイヤというほど仕込まれました。

「遅延しそうな債務者の車にGPSを付けとけ」当時はココセコムが最強でした。

「居留守を使う債務者は、出勤時を狙え」

早朝から出張るのもキツイのに、「オートロックで戸数が少ないマンションの

場合は、非常階段に泊まれ」（違法です）
「債務者の実家調べろ。母親攻めろ、親父にバレないようにやれ。息子の首根っこつかんで母親に向かって土下座させればいくらか出てくる」（違法です）
「取立てに行って警察呼ばれたら、とりあえず日本語不自由なフリしろ。効果はないけど、場が和む」（通用しませんでした）

いろいろな経験をしました。怖い経験もしました。
後味悪い経験もいっぱいしました。
小指がない人連れて、ゴネる債務者もいました。
怖い人が来ると、俺が行く！　俺が行く！　と最前線取り合いの職場でした。
利息が払えないからと、自宅で自殺しようとする債務者もいました。
「お金で死んじゃダメ！　絶対！」
事故物件になるから。

銀行で貸付金引き出した従業員が、通り魔に刺されて現金奪われたこともありました。

「おまえ、自作自演やろ」

上司に詰められ、フルチンで逆さ吊りにされた従業員もいました。

街金なのに、債権回収も請け負ってました（違法です）。

貸金、売掛、客のツケ、慰謝料、なんでもやりました。

上司の友人に頼まれた債権回収。

「キャバ嬢に妊娠したって言われたんだ。俺、妻帯者だしヤバイし、結婚できないけど面倒見るって言ったんだ。男気だよね。嬢、喜んでたよ。俺の子供を産めるって。仕事できないから生活費送金してやってたんだ。毎月20万から50万。エコー写真の写メも送ってくれたよ。こんなに大きくなったよって。性別わかった！男の子だよって。

一緒には暮らせないけど、テンション上がるよね。送金も続けたよ。病院にタクシーじゃないと行けないって言うし。で、出産したってメール来たんだ。嬉しかったよ。いろいろ準備にお金かかると思って300万くらい送金したよ。産まれた我が子に会いたい！　って思うじゃない？　病院に行きたいって言っても、気持ちが揺らぐから、って病院教えてくれないんだよ。嬢の気持ちもわかる。グッと我慢して写真送ってくれって頼んだんだよ。

で、嬢から届いた写真。どうみても生後半年は経ってるんだよ。あれ？　いきなりデカくない？　って思うじゃない。で、嬢に言ったのよ、デカくない？　って。

そしたら嬢と連絡取れなくなったのよ。いろいろ不安になって、探偵頼んで調べてもらったの。そしたら嬢、妊娠なんかしてなくて、実家に住んでるけど、チンピラみたいな彼氏いて、すんげえ飲み行ってんの。毎晩すんげえ飲んでんの。

俺、1000万近く送金してんだよ。回収してきて」

上司の友人はずっとひとりで喋ってました。

妊娠偽装が発覚した嬢、常識ある嬢の父親の協力もあり、無事分割回収できました。


たくさんの債務者から恨まれる経験を経て、いま池袋北口の風俗ビルの一角で街金を営んでおります。

何度でも言います。

貸金業協会員だから安心だね。

反社とか、大丈夫です。


これまで多くの多重債務者と出会い、奈落の底に突き落としてきたのに、また新たな多重債務者が生まれます。誰でも低利で借りたいのは当然です。でも低利じゃ借りられない人がいるから、ぼくら街金があるんです。金融機関じゃ貸せない不動産だから、街金が貸すんです。

忙しすぎる資金需要にノンバンクじゃ応えられないから、街金が即日融資もやるんです。

なんで街金の利息が高いか、利息の高い街金から借りなきゃいけなくなったのか、それって債務者の責任なんですよね。あなたがいるから街金がいる。

普通の人は、街金に会う機会なんてないんです。必要ないから。

でも、街金にしか貸してもらえない人もいるんです。

もし、あなたが街金から借りなければならない状況に陥ってしまっても、利息の支払いに不安があるなら、やめてください。

換金できるものを片っ端から現金にかえて、自己破産してください。

街金からお金を借りたら、苦しみが倍増するだけです。中途半端に踏み入るとすべて失います。家族も友だちも仕事も失うかもしれません。

多重債務者の人も、たまには街金の話に耳を貸してみてはどうですか。

あなたカモられてるよ、あなた次こうなるよ。でもみんな聞いてくれません。

街金に借りにくる大半の人は、沈んでいきます。

それでも街金の金で再起する自信と覚悟がある人はぜひ弊社に借りにきてください。弊社も絶対に利息15％というわけではありません。


ぼく、回収には自信あるんです。粘着質だからですかね？

「（法律に頼る）強制執行は街金の甘えや」

という環境で育ちました。

ツイッターからＤＭください。


でも、ぼくだって人間です。

完済してくれた元債務者の人とお酒飲んだりしたいんですよ。


（本稿はｎｏｔｅで公開された『ぼくと街金』を一部修正したものです）

【街金マメ知識】①

街金は儲かるの？

ぼくら街金で、自己資金で融資をしている業者はそれほど多くありません。ぼくは、「金主」と呼んでる資産家や、投資家から年利10％でお金を借りて、15％で債務者に貸しています。差額の５％分がぼくの儲けになるということです。たとえば、１００万円貸すと１年で５万円、１０００万円貸すと１年で50万円の儲け、ということです。

街金って、右手に扇子のように広げた札束、左手に水揚げした愛人、というのを想像する人もいると思いますが、結構地道なんです。

この僅かな利益を守るために、日夜債務者とたたかっているわけです。おいこらって。

ぼく、埋められそうに
なりました

昔のことです。

利払いが遅れてる債務者をファミレスに呼び出して、売掛金や回収に繋げられる可能性のある資料すべて持参させました。

ひと通りチェックが終わり店を出ると、ちょうガラ悪いお兄さんに声をかけられました。

「おい、そいつうちの客なんだけど。なに勝手に話進めてんの？」

「いやいや、うちの客でもあるんですけど」

「ま、とりあえず車乗れよ」

「は？　乗る筋合いなくないです？」

店の下を見ると、高級車2台のまわりに5、6人のガラの悪いお兄さんたち。

ちょっとヤバいかも。

でも大声で助けてーって叫ぶのちょっと恥ずかしい……。

結局お兄さんたちの圧に押しきられ、車に乗せられてしまいました。

後部座席の両隣に怖いお兄さん。突然深いニット帽を首まで被せられて、視界を塞がれた状態で殴られます。見えないから突然痛いので、結構キツイです。手錠もかけられます。なんでそんなに用意周到なの。走り出す車。

「うちの客に手を出すとかおまえナメてんだろ。死にたいの？」

助手席の一番偉そうなお兄さんがキレ気味に言います。

「いやーだからうちの客でもあるってお話ししてるじゃ……」

ボコッ。

すぐ殴ります。両脇のお兄さんだけじゃなくて助手席から蹴りも飛んできます。

こうなるともう戦意喪失です。

車が高速道路の入口で通行券を取る音はしました。ＥＴＣとかない時代です。

これ、本当に山に埋められるかも。

それでも頭の中は冷静を保てていたので、車に押し込まれた場所からの走行時間から、おそらく関越道に乗ったのではないかと想像できました。

「おまえ、最後のチャンスやるよ。あの客から手を引くなら山ん中に捨てるだけにしてやる。引かないならこのまま埋めちゃうよ？」

「もうこの状況でやってやるよとか言うわけないじゃないですか……。ギブです、ギブ……。」

「よし、じゃ今日の手間代、おまえの財布から抜いとくからな。おい、こいつ捨てられる適当な場所ないか？」

運転手がはじめて口を開きます。

「次のインター降りたとこにいいところあります。自分、地元なんでわかります」

「よし、そこに捨てちまえ」


次のインター降りたところって、ぼくも地元なんですけど……。

インターを出た車がしばらく走ると、砂利道に入りました。

あ、あの河川敷かも……。

しばらくすると、車が停まり、

「おい、降りろ」と手荒に引き摺り下ろされます。

「今日のところは埋めはしないけど、次ないよ?」

いきなり石のようなもので頭を殴られます。

ちょう痛いです。まだニット帽被されてるので、飛び蹴りされても身構えることもできずボコボコです。

ニット帽を剝ぎ取られて、顔面グーパンチ。お兄さんたちは革の手袋してたので、これちょう痛いんです。

お兄さんたちは満足したのか、ぼくのカバンから財布やら携帯やらを抜いて、手錠を外して走り去りました。


痛みも落ち着いて、あたりを見渡すと、やっぱりぼくの地元。

公衆電話から地元に住んでる友人に電話して、お金借りて帰宅して、翌朝また債務者の家に取立てに行きました。

回収ペースを上げました。だってまたお兄さんたちに会ったら怖いから。

バンバン差押えして換金できるものはどんどん没収しました。

過去最高の手際のよさで回収を完了し、撤収。怖いお兄さんたちと再会することなく終えることができました。

あのころ、ぼくは、若かった。

【街金マメ知識】②

金融業界ちょうヤバい話

街金と闇金の違いを理解されている方が少ないので、街金イコール反社、コンプラ的に無理という反応をされがちです。

繰り返しますが、街金は法令遵守のちゃんとした企業です。

ひと昔前の闇金の人たちは、もう何でもありでした。

朝から晩まで取立て電話や訪問は当たり前、居留守使えば借金のことを大声で叫ぶ、家の周りにペンキスプレーで「金返せ！」と書く、玄関の鍵穴をドリルで壊す……。

もう世紀末でした。数万、数十万の債権でそこまでやるんです。

闇金は強烈な縦社会で、回収できなければ上司に激しく詰められるので、従業員は何がなんでも回収しなければと、一線を越える取立て行為が蔓延していました。

債務者のことを人と思わない無法地帯でした。返済できなければ、携帯電話を契約して売らせる、銀行口座を次々に開設させて売らせる。あるいは本人を建設現場に売る、風俗に売る、何でもありでした。

闇金ではたらく10代の子が、自分の親よりも年上の債務者を殴る蹴るしてました。殴りすぎたら、「○○の産廃屋は死体を処理してくれるから大丈夫」とか物騒な話をしてました。

7日で3割5割の金利を取り、稼いだお金をキャバクラやギャンブルで散財していました。

闇金の取り締まりが厳しくなってから、この手の業者は激減しましたが、まだ絶滅したわけではありません。闇金から借りる前に、いま一度考え直してください。苦しさ倍増するだけだから。

他人の不動産を担保にする男

ぼくはお金を貸すとき、原則として不動産を担保に入れてもらいます。担保があれば、お金を返せなくなっても不動産を売らせれば回収できます。不動産を担保にするときの抵当権には順位がありますが、あまり気にしません。大丈夫です、回収します。そこが街金の力の見せどころですから。

自分がお金を借りるんだから、普通は担保に差し出すのは自分名義の不動産です。でも、中には他人の不動産を担保にする人もいます。自分では不動産を持っていなかったり、あるいは持っていても担保にするのがイヤな場合に、他人の不動産を自分の借金の担保にするんです。

他人の土地です。他人の家です。

ぼくらは貸したお金に利息をつけて返してくれればそれでいいので、喜んで貸します。でも、ほとんどの場合、ちゃんとお金を返してもらえないので、担保の不動産を売らせたり、取り上げることになります。

無償で自分の不動産を提供してくれる、そんないい人が世の中にはたくさんいます。

そして、そういういい人を利用して、お金を借りまくる人も世の中にはたくさんいます。

Aさんを連れてお金を借りに来たBさんも、そういう人でした。

Aさんはアパートを3棟持っている大家さんです。70歳くらいだと思います。

一方のBさんは不動産屋です。高級住宅街の駅前で昔からやっている、いわゆる地場の不動産屋。地主の人たちからアパートやマンションの管理を任されています。

Bさんは、Aさんの持っているアパート1棟を担保として、ぼくにお金を借りに来ました。繰り返しますが、担保不動産の所有者はAさん、お金を借りるのはBさんです。

いったいなんで、自分の不動産を他人の借金のカタにするのか。

ちっとも理解できません。

Aさんが何か弱みを握られているのか。

「今度、私が手がける事業がうまくいけば、すごく儲かるんだけど、ちょっとだけ資金が足りないんだ。協力してくれない？　お礼はたんまり」

Bさんの素晴らしい話術に、実は欲深いAさんが乗ってしまって担保を提供してしまうのか。いずれにしても、Bさんは特殊能力を備えているんだと思います。ぼくはBさんのこと、「担保提供の魔術師」と呼んでいます。

さすがAさんのような優良資産家が持っている不動産だけあって、権利関係はとてもきれい。ぼくが1番抵当を取れるんです。


トントン拍子に進む契約。

それは突然のことでした。

「Aさん、ではあなたのアパートに1000万円の抵当権を設定しますので……」

「ああああ、テックルさん！　そうそう！　あれ！」

「は？　Bさん、何なの？」

「あれ、えっとですね、あれ！　ちょっといいですか！」

Bさんに部屋の外に連れ出されるぼく。部屋に取り残されるAさん。

「……ええとですね、すいません、わたしが借りる額のこと、Aさんに内緒にしてもらえます？　ほら、1000万借りるとか言っちゃうと断られちゃうんで」

「は？　無理だよ、そんなの。ちゃんとAさんにもサインしてもらう書類あるんだから」

「そこをなんとか、なにとぞなにとぞ……」

「はー？　無理無理無理無理」

押し問答をしながら部屋に戻ると、不審げにこちらを見るAさん。

「あ！　大丈夫！　全然大丈夫！」

Bさんが汗だくでAさんに言い訳をします。

「えーっと、じゃあもう一度説明しますね。Aさんが担保提供するアパートに1000万の……」

「おおおおっと、テックルさん！　なんか冷房弱くないですか！　汗止まらなくて！」

「いいですけど……というか声大きいすよ。聞こえるから」

「ああっと！　ごめんごめん！　電話かかってきた！　ちょっと待ってて！」

ボタボタ汗をかきながら部屋を出るBさん。

部屋に残されたぼくとAさん。Bさんの不審な行動もあり、気まずい沈黙が流れます。

「Aさん、暑いですか？」

「……いいえ、大丈夫です……ちょっとBさんと話してきてもいいですか？」

AさんもBさんを追って部屋を出てしまいました。ぜんぜん帰ってきません。話がもめて、帰っちゃったかな。でも荷物は置いたままだしな。会社の前でもめごと起こされたら恥ずかしいな……。

しばらくして、AさんとBさんが戻ってきました。まだ話はまとまってないようでした。

「だから話が違うじゃないか、さっきの人、1000万って言ってた」

「いや、違うんだって。実際はそんなに借りないから！　安心して！」

「じゃ1000万って何なの？」

「あれはね、1000万まで貸してもらえるってだけで、そんなに借りないから！」

「本当に⁉」

「当たり前でしょ！　ぼくがAさんのこと騙したことある？　ないでしょ？」

部屋の入り口で話してるから全部聞こえます。

Aさんは半ば諦めた様子で、

「はいはい、わかりました。ハンコ押せばいいんでしょ」

そう言って、担保提供の契約書にハンコを押してくれたので、無事Bさんに1000万円貸しました。

Bさんは担保提供の常習犯なんです。定期的にぼくのところへ話を持ってきます。

「ちょっとテックルさん、聞いてよ！」

「どうしたの？」

「こないだ借りた、よその街金ひどいんだよ！　結局、名義取られちゃってさ！」

「Bさんのものじゃないのにどうするの？」

「まあ、担保提供してくれた人は大丈夫。俺が絶対買い戻すからと宣言してるから」

「買い戻せるの？」

「まあ今度、高尾の2万坪を仕入れて分譲するから、それで返せるよ、大丈夫」

「高尾の山奥分譲して誰が買うんだよ……」

「仕入れるお金、貸してもらえない？」

Bさんは担保提供で借りたお金を、ほかの債務の利払いや生活費にあてて、本業の不動産業の売上げは散々です。

「テックルさん、ごめん！」

「何？」

「こないだ話した担保提供者、口説けなかったわ！　また次探すから！」

そんなBさんですが、ついに担保提供者のネタ切れ。

虎の子だったBさんの自宅もいまではぼくの会社の名義になりました。Bさんは家賃を払って元自宅に住んでいます。

そんなBさん、自宅だけでなく息子や義理の息子の自宅まで、一族郎党の所有不動産を最終的に売ることになったり、ぼくの会社の名義になったりで、すべてを失いました。

Bさん包囲網も最終段階だと思ってました。

でも、あいかわらず電話がきます。

「テックルさん！　いい物件みつけた！　仕入れ資金貸して！」

【街金マメ知識】③

担保と競売

ぼくがお金を貸すときは、換金性の高いものを担保に預かります。不動産を担保にすることが多いです。ほかには車とか貴金属とか腕時計とか。

不動産を担保にするときは、抵当権というものを登記します。これがあれば、ぼくの査定が間違っていなければ貸倒れすることない安心の権利です。

抵当権があれば、債務者の返済が滞ったら即座に競売の申し立てができるんです。競売は読んで字のごとく、担保の不動産を競りに出して最高値で落札した人が買うことができるというもの。ぼくは、落札者が支払った代金から貸したお金を回収できるんです。ほら、担保ってすばらしい。

5万円で反社の看板を外させた債務者

街金にとって、反社会的勢力、世間でいう「反社」は絶対に付き合ってはいけない相手です。

たまに債務者を詰めると、

「ちょっと同席してもらいたい人がいるんで」と、ガラの悪いおじさんを連れてくることがあります。

これは困ります。早々にお引き取りいただくように促します。繰り返しますが、こちらから積極的にも消極的にも反社とお付き合いすることは絶対ありません。お付き合いしてることがバレたら、問答無用で貸金業の免許を召し上げられてしまいます。ぼくが怖いのは、反社よりも、貸金業の免許でぼくの首根っこをおさえてる東京都です。都庁には足を向けて寝てません。

都庁の皆さま、ぼく、法令遵守して真面目にやってますから、大丈夫ですよ。

あと、担保にする不動産に反社がかかわっている場合もお金は貸せません。

もし、担保物件のマンション内に反社の影があれば、当然貸せません。一戸建でも近所にそういう人がいたら貸したくないですね。売って返済できないケースがあるから。

そうです、街金も反社とはかかわりたくないんです。

ある日、ひとりの債務者候補が、知り合いのブローカーに連れられてやってきました。内装業を営むCさん。

「ああ、これはテックルさん、はじめまして。このたびはよろしくお願いいたします。助かりますありがとうございます。これをご縁に、なにとぞぜひ長いお付き合いを……」

ものすごく下から目線のCさん。

自宅マンションを担保にお金を借りたいとのことで、翌日Cさん宅を訪問しました。街金でも、担保になる物件は必ず見に行きます。

Cさん宅は、東京の下町。1階に中華料理屋の入ったマンションです。

中華料理屋が入ったビルやマンションは、換気扇からもれる油で建物全体が汚れます。Cさんのマンションも例外ではありません。油で覆われて薄汚れた外観、油っぽいエントランスや廊下、全部写真を撮ります。とにかく、汚い。

Cさん宅は、汚部屋でした。ゴミがあふれていました。おばあちゃんちの臭いがしました。

街金にお金を借りに来る人は、生活よりもお金のことで頭がいっぱいなのか、身なりや住まいに無頓着になってることが多いです。

それにしても、Cさん宅、本当に内装業者なのかと疑うくらい、荒れています。フローリングのシミ、壁紙はところどころ剝がれて、破れて。

靴を脱いで上がりたくない部屋に入り、写真を撮ります。息を止めて写真を撮ります。帰り道、コンビニに寄って靴下を新調します。

汚部屋の改装費用を計算して、Cさん宅の査定からそれをさっぴいた金額を貸すことになりました。月々9万円の利息を1年間払ってもらいます。元本は最後の支払日に一括で返してもらいます。

「じゃあ、Cさん、これから毎月よろしくお願いしますね。こちらからも電話しますけど、利息の支払い忘れないでくださいね」

「はいはい、どうもありがとうございます。助かりました。本当にこれをご縁に……」

どこまでもCさんは低姿勢です。

最初の利払日、ちゃんと振込みがありました。

2回め、振込みがありました。

3回め、振込まれてませんでした。

「もしもし、Cさん？」

「ああ、テツクルさん、どうしました？」

「どうしました？　じゃなくて、利息振込まれてないんですけど」

「あ！　今日でしたね！　すいません！　明日必ず入れておきます」

「頼みますよ」


翌日。入ってません。

「もしもし、Cさん？」

「あ、あー。どうもすいません」

「今日も入ってないんだけど。どうなってんの？」

「すいません、仕事が入ってしまって、時間とれなくて。用意してあるので、明日は必ず入れますから」

「ほんとに？」

「ほんとです」

「次はないよ？」

「大丈夫です」

翌日。入ってません。

「おい、入ってないんだけど」

「あ、ああ……」

「ああ、じゃなくてさ、何なんだよ」

「ええ、ええ……」

「テキトーな返事すんなよ。いつになんだよ」

「……明日には、必ず」

「現金、あるんだよね？　ないの？　どっち？」

「……あります……」

「絶対明日入れろよ？　絶対だからな」

フラグ立ってます。もうダメなやつです。

電話を切って、そのままCさん宅に向かいます。

エレベーターを降りて、Cさんの部屋に向かう途中、目の端に何か違和感のあるものが入ってきました。前回来たときにはなかった、立派な木の看板が、Cさん宅の数軒先にかかっています。

「〇〇組××一家」

とても分厚い木の看板には、そう書かれていました。文字の部分を彫り、そこに墨を流した本格派です。年季も入ってます。年代物の反社です。

え？　あれ？

この前来たときに見落としたかな？　撮影した写真を見直したけど、看板の影も形もありません。このご時世、こんな看板持って引っ越して来られるわけもなく。

突如現れた反社の看板。Cさんに確認しなきゃなりません。

ピンポーン。

「あ、え、テックルさん……どうしたんですか……」

「ちゃんと払ってくれないから来ちゃったよ」

「すいません、すいません、せっかくのご縁なのにすいません」

「そういうのいいから、利息は？」

「ごめんなさい、明日には必ずなんとかしますんで……」

「現金ないんじゃねーか」

「大切なご縁を……」

「あのさ」

「はい……」

「ご縁はいいんだけどさ、あれ何？」

ぼくは看板を指して聞きました。

「はぁ……よくわかりません……」

「反社の看板だろ」

「そうですか？」

「いやいや、どう見てもそうだろ。こないだ来たときはなかったよね？」

「そうですかね？」

「Cさん、何か隠してるでしょ」

「こんなご縁で助けていただいてるテックルさんに隠しごとするわけないじゃないですか……」

「顔、踏んでもいい？」

詰めるぼく。逃げるCさん。

でも、結局白状しました。

「実はですね……テックルさんが来る日、頼んで看板外してもらったんです……」

「は？」

「だって……看板あったら貸してもらえないでしょ？」

「当たり前だろ」

「そうだと思いまして……」

「どうやったら外してもらえるの？」

「相談しに行ったら、5万円で1日外してやると言われまして……」


実は、その組織はそれほど大きなものではないらしく、しかもCさん宅の並びの部屋はお泊まり当番のお兄さんしかいない部屋で、Cさんの相談をきいたお兄さんはちょっとした小遣い稼ぎを思いつき、一時的に看板を隠すことに協力してくれたとのことでした。


「せっかくのご縁を……」

「Cさん、もういいからさ、家売って返してよ。買ってくれる人、紹介するからさ、家賃払えばこのまま住めるようにしてあげるよ。リースバックっていうんだよ」

「え、いや、それは……」

「じゃ、いま利息払えよ」

「あの、明日には必ず……」

結局Cさんは自宅を手放し、新オーナーに家賃を払って住み続けることで決着しました。でも、並びに反社が立派な看板を掲げている家が簡単に売れるわけがありません。

そこで、中国人の投資家をCさんに紹介しました。中国人って、反社とか気にしない人が多いんです。

中国人投資家がCさんに払う売買代金から貸したお金を回収して、ぼくとCさんのご縁もここまでです。

後日談ですが、Cさんの部屋を買った中国人、汚部屋に住むCさんのことを不憫に思ってか、部屋のリフォームをCさんに依頼しました。なのに着手金を払った直後、Cさんは大量のゴミを部屋に残して失踪したそうです。

当然、中国人はちょう怒ってぼくに電話してきましたが、しばらくすると、自分でリフォームをはじめたようで、楽しそうにその様子の写真を送ってきました。
趣味が増えてよかったね。

す。

【街金マメ知識】④

街金やるにも資格が必要

街金を経営するには「貸金業務取扱主任者」という国家資格を持った人が必要です。

この資格、施行されて10年くらいですが、いまでは合格率20～30％台の狭き門です。金利や債権、不動産や抵当権、クレジットからリボ払いまで幅広い知識が求められます。

施行された年の試験会場はガラの悪い人たちだらけでした。合格率も驚愕の70％台でした。落ちた人って、どんな人なんだろう……。

最近の試験会場は、ソーシャルレンディングや、低利でお金を貸すような会社で働く賢そうな人たちも増えましたが、会場で必勝本を音読していたり、完全に鉛筆コロコロに頼ってる街金従業員たちもたくさんいます。

【街金マメ知識】⑤

支払いは振込みで

ぼくは債務者からの利払いや返済は振込みにしてもらっています。

闇金のマンガで、取立てに行ってその場で現金回収する場面がありますが、街金が現金集金するケースは、実際はあまりありません。

また、口座引き落としにしても、街金から借りている債務者の預金なんてほとんど空ですから、銀行から請求される引き落としの手数料分赤字です。

銀行には回収できてないのに、手数料は取られる。お金貸してもらえない。なんなら口座も開設してくれない。

銀行から、「総合的な判断」の一言で足蹴にされてる街金のこともわかってください。

だから、利払日は守ってね。

トンデモブローカーさん列伝

ぼくに、面白い案件を持ってきてくれるおじさんがいます。解体屋さんなんですが、解体だけでは食べていけないようで、いろいろとアンテナを張っていて、ぼくに案件を紹介してくれます。儲けが大きいんだけど、大元につながっていない案件とか。人が何人も介在していて、途中で話が変わってしまっている案件とか。暇つぶしには最高ですが、信用して取引先に紹介してしまったりするとぼくが恥をかきます。

「テックルさん、新宿のど真ん中で表面利回り3％の物件買う人いませんか、500億なんですけど」

「おまえいまから来いよ。ゲンコツくれてやるから」

「いやいや！　こんどは本当なんですよ！　タイの王族の末裔の人に紹介してもらったんですから！」

「どうでもいいけど、遅れてる利息2万持ってすぐ来いよ」

「すいません、いま５０００円しか持ってなくて……」

「てかおまえ、なんでタイの王族と知り合いなんだよ」

「ぼくの友だちがＡＫＢの関係者で、その知り合いがタイから衣料品輸入してて、そのつながりです」

「なんで不動産屋がひとりもいないんだよ……」

「で、資金証明が必要なんですけど」

「５００億の？」

「５００億の」

「Photoshopでつくればいい？」

「最悪、それで」

タイの王族の末裔の紹介で新宿の不動産の売り情報を得て、知り合いにＡＫＢ関係者が登場して、Photoshopで偽造した資金証明書ではじまる商談。

もう、なんなの。

この手のおじさんたちが持ってくる案件をツイートすると、多くの不動産クラスタの方々の共感を得られます。「でたｗｗｗ」「それ知ってるｗｗｗ」って感じで。

また、おじさんたちは有名物件（事件がらみとか、権利関係が複雑で誰もまとめられない物件とか）も、「おれならまとめられる。おれしかまとめられない」と言います。本人はまとめられると思ってるから余計タチが悪いんです。

この手の愉快なおじさんはたくさんいます。

頼まれてもいないのに、勝手に他人の家の査定を依頼してくるおじさんもいます。

「テックルさん、この物件査定してほしいんですけど」

「現地見ないと正確に言えないけど、このくらいかな」

査定額を聞いたおじさんは、おもむろにその家を訪ねます。

その家の所有者とおじさんは、一面識もありません。まったくもって赤の他人です。

ピンポーン。

「はい？　どちらさま？」

「この家を担保に、○○万円貸してくれるところがあります。借りませんか？」

「……えっと⁉」

「いま、ノンバンクから借りてますよね？　借り換えしても少しお手元に残りますよ、すぐ紹介しますから！」

ブチッ！

おじさんたちの鋼のメンタル、ハンパじゃありません。

おじさんたちは、前面に出たがります。商談を仕切りたがります。この案件はおれがまとめた、と言いたいからなんでしょうか。

不動産の所有者とぼくを会わせてくれればすぐに終わる話を、介在してる何人ものおじさんを経由して伝言ゲームをするので、一向に進まないし、内容が変わってしまったりします。船頭が多いと船が山に登ってしまうように、仕切りたがるおじさんが多いと案件は簡単に座礁します。

そんなおじさんたちですが、奇跡的に難易度の高い案件をまとめてくることがあります。いくつもの権利が複雑にこんがらがった不動産の案件をまとめる奇跡が生まれたりするんです。

まとまらない不動産はない、ということでしょうか。

ぼくも若いころは、こういうおじさんたちを迷わず粉砕していました。イライラしてました。

でも、多くのブローカーおじさんたちと出会い、数度の奇跡を目の当たりにしてきて、いまではおじさんたちの多頭飼いにあこがれています。

話を聞くだけなら、何もリスクないですし、がんばるおじさんたちがかわいらしく見えてくるようになるんです。おじさんたちの適当な話を笑ってきいてあげられる余裕が生まれるんです。

これからも、おじさんたちが送ってくるＦＡＸを愛でながら、いつか運んでくる奇跡を待ちたいと思います。

【街金マメ知識】⑥

ブローカーとはこんな人たち

ブローカーって多種多様な人がいるんですが、ブローカーになったきっかけって、2つに分けられると思うんです。

ひとつは、専門職（不動産業だったり貸金業だったり）に従事してたけど、諸問題（会社が倒産したとか、解雇されたとか）で再就職せず（できず）ブローカー業をせざるを得なかった人。もうひとつは、本業がありながらブローカー業が儲かると勘違いして参入してきた人。

前者は当然知識が豊富なので安心して取引できますが、お金については気を抜けません。

後者は知識もないのにオレがオレがと前線に出てこようとするので厄介です。

ぼくが取引してるブローカーは40～70代が多いんですが、若手ブローカー募集中です。みんな老い先短いから……。

未熟な地面師

付き合いのあったブローカーおじさんの紹介で、渋谷のはずれの空き家を担保にお金を借りたいという人が来ました。

お金を借りるのは会社を経営している30代半ばのDさん。Dさんがいろいろ相談しているという不動産屋とブローカーおじさんの3人でぼくの会社にやってきました。

でも、お金を借りるはずのDさんの様子がおかしいんです。ぼくが質問すると、ぜんぶ不動産屋が答えるんです。

「お金を借りる目的は何ですか？」

「……あ、えーと……」

「事業資金です！　Dさんの会社で新しい事業をはじめる計画で！」

「事業計画書とかあるんですか？」

「……あ、えーと、それは……」

「はい用意してあります！　お借りしたお金をこういうことに使って、売上がこれくらいで返済はこんな感じで！」

「担保の物件なんですが、どれくらい空き家のままなんですか？」

「……えーとですね……」

「もう3年くらい空き家だと思います！　新事業が落ち着いたら建物解体して建て替える予定です！」

Dさん、ちっとも答えられません。

でも、書類に不備はないし、物件の査定も問題なし。Dさんの様子は気になりながらも、貸すことにしました。街金ですからブレーキはゆるめです。

契約書に署名してもらうときも、不動産屋は大活躍でした。

「ほら、ここに署名ね。そしたらここにハンコ押して。はい次はここ……」

不動産屋も、Dさんがお金を借りられれば手数料がもらえるはず。手際よく次々Dさんの署名させていきます。

ぼくは、Dさんが署名する様子に違和感を感じました。

あれ？　契約書に触ろうとしない……。いや、触らないようにしてる……。

契約書の署名するページを開くのは、不動産屋。Dさんは右手に持ったボールペンで署名するとき、手の下になぜか毎回クリアファイルをはさむ。左手で契約書を押さえることもしない。

ハンコ押すのは、うまく押せないという理由で全部不動産屋に任せます。

「Dさん、なんで署名するときクリアファイルはさんでるんですか？」

「え⁉　えーとですね……手汗がひどくて……」

「へーそうなんですね」

「あ、はい……」

不動産屋の顔がみるみる青ざめていきます。Dさんは今にも失神しそうな顔してます。

必要な書類すべてに署名と押印がすんだところで、ぼくはDさんに言いました。

「Dさん、前科あるでしょ」

「え⁉　え⁉　ないですよ⁉　なんでですか！　なんでそう思うんですか！」

Dさん、急におしゃべりになります。額から大粒の汗が大量に流れはじめます。

「ちょ！　ちょっと‼　失礼じゃないですか‼」

顔面蒼白だった不動産屋の顔が真っ赤に変色して怒鳴ります。

「なんでそんなに怒るの？　ありませんよって答えればいいだけじゃない？」

「こんな失礼な人に借りることはない！　Dさん、帰りましょう！」

Dさんと不動産屋は、逃げるように部屋を出ていきました。ブローカーおじさんは状況が摑めておらず、

「テックルさん、あんな失礼なこと言ったら怒って帰っちゃうに決まってるじゃないですか……」

「おい薄らハゲ、あれ見て何も思わなかったの？　どう見ても地面師じゃねーか」

「え⁉　ホントに？　どこが？」

「いいか？　契約書に指紋がつかないようにクリアファイルを敷いて署名してたんだよ。あと不動産屋がぜんぶハンコ押してたろ？　契約書触らないでハンコ押せないからだろうが。事件起こしたときに、ここに指紋残ってたら、そこから身バレするだろ」

「あ、そうか、そりゃそうだ、押せないわ」

「地面師とか連れてくるんじゃないよ」

「あ、はい……」


地面師たちは、グループで活動します。

舞台となる物件を見つける係、偽造書類を用意する係、所有者になりすます係、ニセの所有者を近くでサポートする係。このほかに全体を仕切る大物が存在します。

素人がこれを見抜くことはむずかしいでしょう。

ぼくは毎回、債務者たちに不自然な様子がないか、探ってます。だって、投資家のお金を地面師にだまされて溶かしてしまったら、ぼくの街金王になる夢も溶けてなくなるから。

【街金マメ知識】⑦

街金と地面師

「地面師」とは、すごく簡単にいうと、他人の不動産をまるで自分のもののように見せて勝手に売ったり、担保にしてお金を借りる人たちです。当然、詐欺です。
少し前、某大手ハウスメーカーが都心の一等地の取引で、大物地面師に盛大にだまされてしまいました。実は「地面師」という職業、最近現れたものではなくて、戦後からあったみたいです。

身分証明、印鑑証明、住民票、権利証、印鑑、なんでも偽造できるんですから、素人がだまされるのは仕方ありません。しかも、地面師たちは対象となる不動産に絶妙な価格設定をしてプロの不動産業者をもだましてしまうんです。

地面師というのは、あちこちにいるわけではなく、大物数名が逮捕されて釈放されてまた犯罪に手を染める、の繰り返しです。

例の事件が起きた当時、大物たちの多くが娑婆にいて、プレーヤーがあふれていました。

ぼくのところにも連日、「地面師案件」が持ち込まれました。

「これ、地面師案件かも？」と心配になったら、「地面師鑑定士1級」のぼくにご相談ください。

怖い人がやってきた！

利息の支払いが遅れだしたEさんから「相談に行きたい」と電話がありました。

Eさんは50代の経営者。あまり儲かってないせいなのか、それともそういう性格なのかわかりませんが、ぱっとしない人です。いろいろぱっとしないので、利息の支払いもぱっとしません。


「あのさ、いつになったら払ってくれんの？」

「すいません、もう少し待って……」

「あのね、毎日その返事なんだけど」

「はあ……」

「もうさ、家売って返済してよ。できないなら競売……」

「あ、ああ、あの、借り換えます……借り換えして返済します！」

「あのね、もう借り換えできるところなんてないよ。わかってるでしょ？」

ぼくがすでに査定額いっぱいまで貸してるわけですから、借り換えなんかできるわけありません。ぼくから借りたときも、あちこちの街金に散々断られたのを忘れたんでしょうか。

「いえ、なんとかします……」

「もう返済期日過ぎてるんだから、ちゃんと遅延損害金の20％乗せて返してくれるんだよね？」

「……はい……」

「じゃあ、肩代わりしてくれる人、早く連れてきてよ。1週間待ってあげるよ」

担保の不動産に抵当権を設定しているので、競売を申立てすれば回収は簡単です。でも、申立ててしてから回収が終わるまで、半年以上かかりますし、できることなら借り換えしてもらったほうが効率はいいんです。


「もしもし、テックルさんですか？」

「はいはい、借り換え先見つかった？」

「はい……それで相談がありまして……」

「別にいいけど、何の相談なの？」

「いろいろとありまして……ちょっと知り合いも一緒に行くんで……お願いします……」

こういうときの「知り合い」はだいたい3パターンです。

変なブローカー（「わたしが責任持って借り換え先を探します」とEさんの代わりに言い訳をして、結局何も進展していないパターン）、弁護士や親族（圧力をかけるつもりが、ぼくは適法な経済行為しかしていないので、状況は変わらずすぐ帰るパターン）、そして、反社の人です。

Eさんと一緒に登場した知り合いの人は、誰が見ても反社のおじさんでした。白髪混じりの角刈りに、ダボダボスーツ。もろ昭和の「ザ・ヤクザ」です。おじさん、上着を脱いでハンガーに掛けます。安っぽい白のシャツから透ける刺青。

名刺も出さずにぼくの前にどっかと座り、両腕を広げてテーブルに手を置きます。小指が欠損しています。全身で反社アピールです。

「あのーEさんとどういう関係です？」

「関係なんてなんでもいいだろが」

「いや、名前も関係も教えてもらえなきゃ、何を話していいかわかんないですよ」

「Eさんに金貸してるんだろ？　利息高くねえか？」

「いや、法定金利ですよ？」

「オレがEさんの借金肩代わりしてやるから、利息まけてくれよ」

おじさんもその世界にいた人ですから、駆け引きは慣れた様子。脅すような口調ではなく、穏やかではありますが、押しの強い言葉尻。

「いやーそれは無理すね」

「あんたがまけりゃ、すぐに肩代わりしてやるって言ってんだよ」

「いやいや、勘弁してくださいよ」

「オレがわざわざ話に来てんのに、おまえどんだけ大物なんだよ。あんまり無茶言ってると、金貸しできなくなっちゃうよ?」

Eさんはずっと下を向いたまま。

下手に出て言質取られても困るし、かといって激高させると収拾つかなくなる。早く帰ってくれないかなと、のらりくらり話をかわしていると、ハンガーにかけてあったおじさんの上着から何か声が聞こえてきます。


「ロクオンデキマセンデシタ……ロクオンデキマセンデシタ……」

おじさんの上着の内ポケットに入れられていたスマホが発する機械的な音声。

「あのー、上着がしゃべってますすけど」

「あぁ⁉ む、ん……」

おじさんは慌ててポケットからスマホを取り出し、必死に音声を止めようとしますが、スマホはしゃべりつづけます。会話の中で、ぼくから言質を取り、後々使うつもりだったのでしょうか。でも、録音失敗です。

「すいません、もう帰ってもらえませんか? 無理なもんは無理なんで」

「おい、ちょっと、ま……」

手からすべり落ちたスマホを拾い、

「また来るからな」

と捨てゼリフで帰るおじさんと、慌ててあとを追うEさん。


部屋を出ていったふたりが別れたあたりを見計らって、Eさんに電話しました。

「ちょっと、いまの誰？」

「す、すいません……知り合いに紹介されて。あの人に頼むと、借金を安くしてもらえるからって聞いて……」

「あのね、Eさん、あのおじさんだってタダで動いてくれるわけないんだからさ、おじさんにも手数料取られちゃうんだよ？　Eさん、わかってる？」

「……それは……まあ……」

「もうさ、変な人に相談したりしないで、ちゃんと話しようよ。うちだって取立てするだけが仕事じゃないんだから。返済方法、一緒に考えようよ」

「はい……ありがとうございます……」

結局、Eさんはおじさんにしっかり手数料を取られ、自宅も売ることに。ぼくは無事に回収できました。反社と付き合ったり、何かをお願いしても、いいことは何もありません。食いものにされるだけです。甘い話や優しい言葉をかけられても、最後は必ず牙をむいてきます。

街金の取立ては口うるさいですけど、決まった利息と遅延損害金以外は取られないんです。

あなたはどちらを選びますか？

【街金マメ知識】⑧

丸裸の「信用情報」

お金を貸金業者から借りると、ＪＩＣＣ（日本信用情報機構）という組織に個人の信用情報（債務の情報）を登録されます。また登録された情報はＣＩＣという組織とも共有されています。

この２つは、簡単にいうと個人の債務の内容、合計額、利払い遅延の記録などを記録している組織です。貸金業者は融資の申込みがあるとＪＩＣＣやＣＩＣに個人情報を照会して融資判断をします。総量規制（年収の３分の１）を超えないか、約定通り利払いできるかを見極める、ということです。

債務者の信用情報を登録できるのは貸金業協会員の貸金業者です。でも、個人や貸金業者以外からの借入は登録されてないので、ＪＩＣＣの個人信用情報が絶対ではないんです。闇金からの債務だって当然登録されてませんから。

闇金、ダメ！　絶対！

完全無欠の詐欺会社

詐欺師が主人公の映画って人気が出ます。でも世間には、詐欺師に会ったことがない人のほうが多いと思います。

街金にはよく詐欺師が来ます。ぼくからお金をだまし取ろうと思っているパターンもあるし、借りたお金を使って詐欺をしようというパターンもあります。

「このお金を使ってこんな風に人をだまして大金ゲットするので、お金を貸してください」と言われたら、当然貸しません。

街金の免許がなくなっちゃうから。

でもお金を貸した後になって

「コイツ詐欺師じゃねーか！」とわかることはあります。

そんなときはどうするか。

やるべきことはひとつです。

ほかの債務者と同じように粛々と回収するだけです。ぼくたちは警察じゃないので、詐欺師を捕まえるのは仕事じゃありません。成敗するのは仕事じゃありません。ぼくが貸したお金を全力で回収するのが仕事です。詐欺師だろうとなんだろうと、担保をかたに、淡々と回収を進めます。

でももし、持ち込まれた話の全部が嘘だったら。それでももちろん回収しますが、ちょっと荒っぽいことをしなければならない場合も出てきます（あくまでも法律の範囲内です）。

Fさんは若手の青年実業家。

都内某所で広告会社を経営していました。社員は20～30代の若い人たちばかりだけど、日本を代表するような大企業数社と取引があって、納品した商品のサンプルが社内にずらっと並んでいます。特殊な素材を使ったおしゃれなデザインのものばかり。まさに、絵に描いたような都会の会社です。

今まで街金をやってきて、成金のぴかぴかおじさんは何人も見てきましたが、Fさんは、そういう生き物とは違います。

大手都市銀行とも取引できているのに、なんで街金に？

「A銀行から1億円借りていて、B銀行からは3000万円借りてるんで、枠がいっぱいなんです。そこで5000万円ほどお願いできないかと思って」

確かに急激に伸びた業績と規模から考えると、1億3000万円程度の借入では、これから会社を回していくのは苦しい、でも資金調達は簡単にはいかず、成長する会社はどこでもこの苦労を経験しているはずです。

Fさんは渋谷区にあるおしゃれなマンション住まいだけど、賃貸なので担保にならない。そこで売掛金を担保にしようと請求書や納品書を見せてもらうと、どれもこれも大手企業だらけ。さらに通帳を見ても、入金の相手先には、これでもかとばかり有名企業が並んでいます。

もしかしたら、Fさんは日本の中心にいる人なのかもしれない。

こんなにちゃんとした債務者はめったにいません。

これなら大丈夫。日本がある限り取引先はなくならないし、貸したお金は回収できる。売掛金を担保に公正証書も作成して融資実行。

念のため、Fさんの保有する会社の株の大半も名義変更しました。Fさんが完済したら返すと約束し、渋々ですが応じさせました。


そして1ヵ月後。利払日。入金がありません。

「あれ？　Fさん、どうしたの？」

「ああ、すみません。1ヵ月だけジャンプさせてください」

「何かあった？」

「ちょっと入金が遅れていて。でも、これこれこうで、これとこれが揃うとここ
とここが入金になります。だから大丈夫です」

完璧です。何の矛盾もありません。お金の計算が苦手な債務者だったら、こんな返事はできません。

「そうか、わかった。大変かもしれないけど、がんばって」

「ありがとうございます。ところで、お時間ありますか？　食事でもどうですか？」

「え。お肉食べたい」

Ｆさんの会社にはタレントの卵か元タレントかはわかりませんが、きれいな女の子も出入りしていて、彼女たちを連れて広尾のレストランで優雅なひととき。会計は全部Ｆさん。

「テックルさんてすごーい！」

きれいな女の子たちにおだてられて、なんていい気分なの。


ただ、ぼくはころんでも街金です。

どんなにいい気分にさせてもらっても、債務者のことを甘やかすわけにはいかない。

支払いが遅れてからは週イチペースでＦさんの会社に行って状況確認をします。

「Ｆさん、これ大丈夫なの？」

「大丈夫ですよ。これこれこういうわけで、これとこれが揃う（以下略）」

完璧です。問題ありません。

「わかった。がんばってね」

だいたい、会社が危なくなってくると従業員が減ってきたり、代わりにガラの悪い人が出入りしだしたり、目に見える変化があるものですが、Fさんの会社にはそういったこともありません。


そしてまた1ヶ月後。利払日。入金がありません。

「また入ってないいんだけど」

「すいません、もう1ヶ月だけ待ってもらえますか。そうすれば、これとこれが揃って（以下略）」

「それ前回も聞いてるんだけど」

「どうもタイミングが悪くて」

「ちょっと、そっち行くから話させて」


Fさんは、売掛先から届いた支払いが遅れている理由などが書かれたメールや資料を見せてくれました。不自然なものは見当たらなかったけど、さすがに2ヶ月も遅れるのは何かあるはず。

ぼくは、知り合いの広告代理店の社員に、Fさんから預かった大手企業が発行した発注書のコピーを渡し、裏取りをしてもらいました。

「テックルさん、こんなの発注したことないそうです。あと、押されてる印鑑も偽造だって言ってましたよ」

これは？　これは？　と次々Fさんから預かった書類の裏取りをさせましたが、全部偽造書類。

おそらく、通帳にあった有名企業からの入金も、自作自演だったんでしょう。自分のお金を有名企業の名で自分の口座に振り込む。

Fさんがぼく以外の街金や個人投資家から借金をしているのは把握していました。こうなったら、誰よりも先に回収しなければなりません。

数日後、Fさんが地方出張に行くという情報をつかんでいました。ぼくは見た目が悪い従業員を数人連れ、Fさんが留守の会社に乗り込みました。

「あ、テツクルさんこんにちは。今日、社長は出張で」

「知ってるよ」

いつもはひとりで来ていたぼくが、ガラの悪いのを数名引き連れ、社長の留守に来た。社員の人たちがざわつきます。

たいした仕事もないのに、社員たちはいつも忙しそうにしていました。ということは、Fさんの詐欺行為に加担していた可能性が高い。そのときです。いつもFさんの運転手や雑用係をしていた男の子が、紙袋をかかえて出口の方へダッシュで逃げようとしました。

「トォーウッ！」

ガラの悪い従業員のひとりが男の子にタックルを決め、捕まえました。男の子の持っていた紙袋から、偽造のハンコが大量に出てきました。どれも大企業のものばかり。

「おいこら、おまえ、これ使ってオレをだましたの？　有印私文書偽造だよ？」

泣きじゃくって何も答えない男の子。

面倒なので、パソコンのパスワードだけ聞き出して解放します。


残りの社員も全員帰し、そのまま籠城です。

Fさんやほかの債権者が入ってこられないようにドアの鍵穴を瞬間接着剤で埋めて、社内の換金できそうなものを探します。

担保にしていた売掛金がぜんぶニセモノだったわけですから、片っ端から没収です。

「おいおまえ、何やってんだ！　警察呼ぶぞ！」

解放した男の子が知らせたらしく、Fさんから電話です。

「オレ、大株主だし。そんなことよりおまえ、ハンコぜんぶ押さえたよ。おまえこそ偽造書類の印刷屋じゃねーか」

Fさん、沈黙。

「さっさと帰ってこいよ。話しようよ」

電話を切り、回収作業を続けました。

派手でブランド好きなFさんらしく、社内で結構根の張りそうなものをいくつも見つけることができました。

Fさんの机の中から、高級腕時計が3本出ていました。1本は本物でしたが、2本はコピー。回収できるんだろうか……。

籠城は3日続きました。入り口のドアを開けると、Fさんやほかの債権者が押し入る可能性があるので、食料や着替えは、会社に残っているウチの従業員に買い出しに行かせ、排煙用の窓に向かって投げ込んでもらいます。

風呂には入れなかったけど、給湯室でシャンプーはできました。

途中、ほかの債権者が来て、入り口で大騒ぎしてました。

「おいこら！　開けろこら！」

「ドアぶちやぶってやろうかこら！」

やっぱり、回収現場って、楽しい。


買取業者を呼んでは現金化を繰り返しました。机やイス、キャビネットも有名ブランド物を使っていたので、予想以上の回収ができました。

めぼしいものをひと通り持ち出し、回収が終わったころ、Ｆさんが来ました。

「アメックスのビジネスカード、月５００万くらい遣ってますかね」

ほんの数ヶ月前、得意げに話していたＦさん、ガランとした社内でガラの悪いウチの従業員たちに囲まれて、泣いて土下座しました。


ぼくは、回収が終わった債務者と会うことはほとんどありません。

その後どうなったのか、ロクなことになってないことは容易に想像できるからです。

「テックルさん、友だちが金借りたいって言うんで連れてきました！　紹介料ってもらえるんすか？」

　こんな元債務者もいますが、そのくらいです。

　籠城騒ぎの数年後。Ｆさんから電話がありました。

「テックルさん、ぼくいまＬＡにいて。面白い仕事があるんですけど、お金貸してもらえませんか？」

「……」

「ストリートファッションの横流し品を安く仕入れられるんです。これ日本に入れて転売すれば絶対儲かるやつです！　いましかできないんです！　仕入れる資金、振込んでください！」

「何なのおまえ」

「はい？」

「もうさ、おまえに金出すわけないだろ。仕入れ資金振込めとか図々しいの、ほんと何なの？」

「いやいやいや、マジですって！　これ見てください」

送ってきた写真には、服がずらっと並ぶ倉庫にFさんの姿。少し太ってました。

「ね？　ほんとでしょ！　この倉庫、誰でも入れるわけじゃないんですから。こないだなんかアリアナ・グランデが……」


何なのこのメンタルの強さ。

【街金マメ知識】⑨

街金はこんなことで困ってます

街金ではたらいているというだけで、日常生活は困ることだらけです。まず、子供に言えない。義理の親に言えない。自分の親にだって言いづらい。家族を持っても、住宅ローンが組めません。自動車ローンも最近は厳しいです。子供の友だちの親に職業を言えません。ぼくは不動産屋さんって答えてます。街金の会社も困ることだらけです。銀行口座がなかなか開設できません。銀行も政策金融公庫も運転資金を貸してくれません。街金というだけでテナント入居を断られます。

みんな街金にお金借りにくるときは、「神様ーなにとぞー!!」とか土下座するくせに、結局世間は街金に冷たいんだ……。

悪い人にだまされた
善人の末路

お金持ちの人がいたら、ぼくはこう言います。

にこにこしながら近づいてくる人には気をつけたほうがいいよ。ただの空き巣や強盗に入られるくらいだったら、身ぐるみはがされることはたぶんありません。人間が持ち出せる量には限界がありますから。殺されなければ、かすり傷。

でも、にこにこしている人たちが使うのは力ではなくて、アタマです。アタマを使って、あなたの資産を根こそぎ狙ってきます。


Gさんは、地方都市の地主のひとり息子でした。

地主といっても、そのへんの自称地主ではなく、本物のザ・地主です。

自宅の敷地は1000坪くらい、門から80メートルくらいの奥まったところに大きな屋敷があり、そこが住まいです。

その周りにアパートや駐車場も持っています。

物静かで、世間知らずのGさん。服装や持ち物にも無頓着で、とても莫大な資産を持つ人には見えません。

そんなGさんがぼくのところに来たのは、借り換えの申込みでした。謄本を見ると、広大な土地やアパートを担保に、短期間に借り換えを繰り返しています。

一緒に来たブローカーの隣にちょこんと座るGさん。

「えーと、借り換えですよね」

「……はい」

「なんでまた借り換えするんですか？　この前もしてませんか？」

「大丈夫です、支払いはできますから……」

何かおかしい。

借り換えすれば、紹介したブローカーには手数料が入ります。

「いい条件で貸してくれるところ、紹介するから」

うまいこと債務者を言いくるめて、必要のない借り換えを繰り返させて借金を膨らませていく悪徳ブローカーというのは確かにいます。

借りる額が多ければ多いほど実入りも増えるので、ブローカーも頑張ります。理由はわからないけど、Gさんの意思とは関係なく借り換えをしている感じです。

でも担保もあるし、本人が借りたいと言ってるんだから、貸しました。街金ですから。

そんな温厚で実直そうなGさんだったのに、予想外の事件が勃発しました。ぼくが設定した抵当権の次に、反社のフロント企業の抵当権が設定されたんです。お屋敷に乗り込み、一括返済を求めます。

「Gさんさ、反社の人から借金したよね？　そんな債務者とはもう付き合えないから、いますぐ全額一括で返してよ」

「いや、無理ですよ、そんなの」

「あのね、契約書に反社条項ってあるの。Gさんがルール破ったんだから。いますぐ返せって言ってるんだけど」

「そんなの知りませんよ」

「いやいや知らないって何？　ハンコ押してるのおまえだろ！　眠たいこと言ってんじゃねーよ！　返せないならまた借り換えしろよ」

「いや……だって……すぐには……」

「あのさあ、いい加減にしろよこの（自粛）」

Gさんをなだめすかしてよそで借り換えさせて、無事回収完了。

Gさんのことも忘れかけていたころ、Qさんという弁護士から電話がありました。

「わたくし、Gさんの財産を管理している者ですが、テックルさんはGさんのことご存知ですよね？」

「あー、あの地主さんね。昔、ウチのお客さんだったかな」

「亡くなったんですよ、首つって自殺です」

「はい？」

街金で働いていると、債務者の死にぶつかることがたまにあります。でも、ぼくが取立て厳しくやりすぎて、というのは一度だってありません。本当です。

「そうですか、ご愁傷さまです。で、何か？」

「テックルさん、Gさんに何かひどいことしてませんか？　たとえば取立てのときとか」

屋敷に乗り込んだときのことが頭をよぎります。でも違法行為はしてないし……。ちょっと怒鳴ったくらいだし……。

「いやいやいや、そんなことするわけないじゃないですか。闇金じゃないし。確かにトラブルはあったけど、そこはちゃんとした話し合いで解決を……」

「実はGさん、毎日細かく日記をつけていて、そこに『テックルのやつにひどいことを言われた。あいつだけは許せない』とか、すごく細かく書かれてるんですよ、（ピー）と言われたとか、（ピー）と怒鳴られたとか……。ちょっと話を聞きたいんですが」

「日記？　なんすかそれ……」

滝汗です。

Ｇさん、そういうのは墓場まで持っていって……。


取立て（法律の範囲内です）の件についてはあれこれ説明して弁護士を納得させたものの、それにしてもＧさんの身に何が起こったのか聞いておかないと、またいつ変な火の粉が降りかかるかわかりません。


蛇の道は蛇。いろいろと伝手をたどっていくと、こんなことがわかりました。

Ｇさんには親兄弟がなく、親戚づきあいもない。友だちもいない。

地主だった親のおかげで生活には苦労はしないけれど、ひとりで寂しい毎日を送っていたＧさん。

そこへ登場したのが、行政書士のＨでした。

「Gさん、こんなに不動産があるのなら、そのまま寝かせておいてはもったいないですよ。土地に働いてもらって資金を調達して、事業をはじめましょう」

「事業？」

「ええ、社長はもちろんGさんにお願いします」

「……ぼくが社長？」

いままで想像もしていなかった世界にわくわくしてしまったGさん。

でもこれは、地獄への第一歩。

Hとその仲間がGさんにささやきます。

「Gさん、この事業をはじめるのにこれだけのお金が必要なので、この土地を担保にお金を借りましょう。ここにハンコをお願いします」

「ここでいいの？ハイ」

ぺたっ。

「こっちのほうの資金が少し足りないから、この土地を担保にして借り入れしますね。ハンコください」

「えと、ここ？」

ぺたっ。

「来年のことを考えると、運転資金を調達しておいたほうがいいんじゃないかな。お金を借りてくるんでハンコ頼みます」

「……大丈夫なの？」

「もちろんですよ！　社長はドーンと構えていればいいんです！　さ、こちらの書類にハンコを」

「うん……」

ぺたっ。

「枠がいっぱいになっちゃって、いまのところだとこれ以上借りられないんで、ちょっとほかの業者に借り換えしましょう」

「……借り換え？」

「大丈夫ですよ。ちゃんと返済できますから問題ないです。余裕で返していける金額ですから」

「……そうなの？」

不動産を担保に借金を重ね、膨らんだ債務、総額8億円。その中には、前述のとおり反社から借りた借金もありました。

Gさんは、Hの事業の話は半信半疑だったのかもしれません。でも、食事に連れていってくれたり、ドライブに連れていってくれたり、Hと過ごす時間は有意義だったのかもしれません。楽しかったんでしょう。実際は、ドライブと称して金融機関や街金に連れていかれていただけでしたが。

でも、さすがに借金が増え続けることに不安を感じはじめたとき、Gさんの前にIというブローカーが現れました。Iは、「あなたはHに騙されているよ。オレが助けてあげるから、もうHとは縁を切りなさい」と、言葉巧みにGさんを誘惑します。

Iの言葉に惑わされて苦しんだんだと思います。謄本には、Iの紹介で借りたであろう抵当権もありました。これを知ったHはGさんを詰めるでしょう。

そして、板挟みに苦しんだGさんは精神的に病んでしまい、首をつるということになったらしい。完全に食い物にされてしまいました。

でもなんで、日記にぼくの名前を書いたりするのよ……。

何もわからないまま大金を相続してしまった人には、こういう罠にはまってしまう人がいます。

不動産のことにせよ、お金のことにせよ、それを守るために知識がなさすぎるからです。

Gさんの一件も脅迫ではないし、何か言われてもHが「共同事業をやってました」って言えば、犯罪にならない。

そもそも当事者は自殺してるし、訴える親族もいない。

かわいそうだなとは思っても、どうしようもないことってあるんです。

それにしても、Gさんの自殺で事故物件になってしまったあの広い屋敷、どうにかして手に入れたかったたな。

事故物件も、ちょっとしたテクニックで、値崩れせず売れるんです。

Gさんもこういう知識があれば、食い物にされずにすんだのかもね。

【街金マメ知識】⑩

街金とキャッシュ

街金の事務所には現金は置いてありません。昔の映画のように、大きな金庫の扉を開けると札束がドーン、みたいなことはありません。

夜中に事務所荒らしにあって根こそぎ持っていかれたら大損害ですし、倒産します。事務所荒らしのプロたちは、セキュリティが作動して警備員が到着するまでの数分間に金庫ごと持っていってしまいます。匠の技です。

同じように、いつ襲われて現金を強奪されるかわからないので、現金での融資も極力断りますが、どうしても現金でと頼んでくる債務者もいます。よその街金に現金返済を求められていたり、ブローカーの手数料を現金で払わなきゃいけなかったり。

5000万円でだいたい5キロくらい。細身のアタッシュケースがいっぱいになります。昔の映画で反社の人たちの取引のシーンであった、パカっとフタを開ける、あれです。

1億にもなると、もう手持ちで運びたくないので、ガラガラ引っぱれるキャリーバッグです。でも、移動中に、すれ違う人に絶対に現金が入っていると感づかれないように、キャラクターがプリントされた安っぽいキャリーバッグを使ってます。

銀行の窓口でキャリーバッグにお金を詰めてもらうときは死ぬほど恥ずかしいです。

最新の注意を払い、メーターが振り切れるくらいの脈拍で運んだ現金で融資をしても、債務者って動じないどころか、早く契約の儀式を終わらせて、関係者に支払って帰ろうとします。現金数えない人もいます。札束から1万円抜いても気づかないんだろうな。

こういうところが多重債務者の特徴でもあるんですけどね。

6000万円を肩代わりする鬼嫁

世間には「鬼嫁」と呼ばれる人がいます。

旦那が頭が上がらないのはもちろん、ときには周囲まで恐怖と困惑の渦に巻きこむような力の持ち主です。

でも、本当の鬼ではないので、たまに鬼嫁の「嫁」部分が状況に大きな変化をもたらしてくれることがあるんです。


「事業資金が少し足りないんです。ちょっとお借りしたいと思って……」

Jさんは、不動産関連の仕事をしている40代の男性でした。聞いてみると、合計6000万円くらいの借り入れがあります。

Jさんの仕事って、そんなに元手がかからないはずなんだけど、なんでそんなに借金してるの。

でも確認すると、まだ借入れの余力はあったので、500万円ほど貸しました。

ただ気になるのが全体の借入れ額の大きさです。すぐに行き詰ってもおかしくない金額です。

Ｊさんのような多重債務者は、返済と借入れのバランスを考えていないおかしな人が多くなります。

案の定、Ｊさんもすぐに利払いが遅れはじめました。

催促の電話をかけます。

トゥルルルル、トゥルルルル……。

「あ、もしもし？　テツクルだけど、こん……」

「タダイマデンワニデルコトガデキマセン。ゴヨウノ……」

ブチッ!!

トゥルルルル、トゥルルルル……。

「コノデンワハ、ゲンザイデンパノトドカナイ……」

ブチッ!!

トゥルルルル、トゥルルルル……。

ツー、ツー、ツー……。

ブチッ!!

出ません。

Jさんの家に取立てに行きます。

Jさんの家は、東京近郊の高級住宅街。大きな家が、余裕で2軒は建ちそうな広い敷地です。ガレージには高い外車があるけれど、なぜかボロボロです。

ピンポーン。

「はい、どちらさまでしょう?」

「こんにちは、ちょっとご主人の件で」

「……」

怖そうな女の人が出てきました。たぶん奥さんです。

ぼくのことを上から下までジロリと睨むように見てきます。

「あの、ご主人の件でですね」

「あんた誰？」

「……はい？」

「だから何の用？」

「ご主人にお金を貸している者なんですけど」

「……お金？」

「ええ、お宅のご主人がウチから借入れをしていて、その件で」

「……」

「実はですね、昨日から……」

「ウソつくなっ!!」

「!?」

急に怒り出します。鬼の形相です。手を使わないでこんなに目をつり上げられる人、はじめて会いました。

「いや、ウソじゃなくて」

「なんだおまえは！　わかった、詐欺師か！　新手のオレオレ詐欺か！」


詐欺師はあんたの旦那だよ。


「いますぐ帰れ！　警察呼ぶよっ！」

「ちょっと落ち着いてくださいよ」

「うるさい！　帰れこの詐欺師野郎！　ありえない！」

「あのね、おくさ……」

「近寄るな！　帰れ！　詐欺師に用はない！　まだいるのか⁉　いますぐ警察呼ぶから待ってろ‼」


初対面なのにひどい言われようです。

本当に警察呼ぶいきおいです。

カバンの中から抵当権を設定した謄本を出して、

「ちょっとこれ見てくださいよ」

カメレオンの舌のように、ものすごい速さでぼくの手から謄本をひったくると、食い入るように謄本を見ています。そこに書かれている、いくつものJさんの借金。

完全に鬼の顔です。

「とりあえず、ご主人と連絡とりたいんで」

名刺を渡して、その場を立ち去りました。


その夜、ようやくJさんから電話がありました。

「ちょっと！　なんで嫁に喋ったんですか！」

「あんたが電話に出ないからだろ。利息どうなってんだよ」

「急に家に来るなんてルール違反じゃないか！」

「ルール違反してるのあんただろ。奥さんにちゃんと話して返済のこと一緒に考えろよ」

「話せるわけがないだろう！」

確かに。あの鬼嫁に話せるわけありません。


翌朝、またJさんから電話がありました。

「嫁からひどく怒られました。テックルさんの責任です」

いやいや。ちゃんと利息払えばいいだけなんだけど。

しばらくすると、鬼嫁からも電話。

「私たちはどうしたらいいのでしょうか」

「返せなかったら自宅を競売にかけるしかないですね」

「競売は避けたいんですけど」

「でも返せないんでしょ？　だったら仕方ないですよ。もう借り換えも厳しそうだし」

「……ちょっと待っててください。私が親戚から借りてきます」

鬼嫁はブチッと電話を切りました。

その後Jさんは、毎日のように1万円、2万円の入金をしてきました。

「とにかくもう、家には来ないでください。ちゃんと入金していきますから」

鬼嫁の力は偉大です。

1週間後、鬼嫁から

「お金の用意ができたので、返済の手続きをしてください」

手続きの日時と、会場の銀行を指定されます。

「あと、もう二度と主人にお金を貸さないでください」

指定された銀行に行くと、手続きをする司法書士とJさん夫妻、そしてほかの債権者6人くらいが揃っていました。お金を貸した人たちは、ノンバンクの人以外、全員ガラの悪い街金です。ぼくが一番ちゃんとしていました。本当です。

「では、個室で順番にやっていきますので」

司法書士、Jさん夫妻、1番抵当のノンバンクの人が個室に入ります。ガラの悪い街金たちが、ロビーの一角で集団で待たされます。ほかのお客さんは、こちらを見ようともしません。厚い空気の壁ができています。同類と思われるのは恥ずかしいんですが、抵当権の順位ではぼくが末席です。

ガラの悪い街金たちも次々回収が終わり、

「テックルさん、どうぞ」

個室に入ると、下を向いて置物になっているJさんと、ちょう不機嫌な奥さんが並んで座っています。

「金額はこちらで間違いないですね」

「はい」

ぼくらの口座に着金を確認して、書類をいくつかつくって、回収の儀式は完了しました。Jさんの自宅は、鬼嫁の名義に変えられていました。

部屋を出て行こうとしたときです。

「あの」

鬼嫁に呼び止められました。鬼の顔です。

「もう二度と、絶対に、主人にお金を貸さないでください」

大丈夫です。

担保がない人には貸しませんから。

【街金マメ知識】⑪

街金と連帯保証人

連帯保証人になってはいけない。

生きていくための基本のように、両親から言われた人もいると思います。

でも、ぼくら街金にとって連帯保証人は回収するための手段としてとても重要です。

いまは、第三者を連帯保証人にするのは基本的にＮＧです。血縁者か、債務者が事業主の場合は資本関係のある法人の代表者などに連帯保証をしてもらいます。

借金をしたのは債務者です。ぼくも連帯保証人から取立てるのは心苦しいときもあります。でも、きっちり回収しないと投資家から発射されるいかづちの方が怖いわけですから、必死に取立てます。

結果、債務者、連帯保証人、どちらから回収しても同じお金ですからね。

友人や取引先から、連帯保証人になってくれと頼まれたら注意してください。ぼくが取立てに行くかも。

［テツクル半生記］

ぼくと街金〈主任編〉

街金ではたらきはじめて数年後のこと。キャリアを積み重ね、やっと摑んだ主任の肩書き。

自分の数字をつくりながら部下の管理責任も。

ぼくの勤めていた街金には、3台の取立てカーがありました。

街金の取立てカーといえば、アルファード、ヴェルファイア、エルグランドと決まっています。

取立て、張込み、出張、年間走行距離は5万キロを超えました。

オイル交換、タイヤのローテーション、取立てカーのメンテナンスも頻繁にやりました。

ある日、タイヤのローテーションとメンテナンスをいつもの修理工場にお願いしたときのことです。

「テックルさん、車の下になんか変なの付いてます……」

「なんだこれ……」

黒のビニールテープで巻かれた小さな箱が、取立てカーのフレームに磁石で貼り付けられていました。

「これ、ＧＰＳじゃないですか……」

修理工場の人がテープを解いて箱を開けると、中からＧＰＳ端末が出てきました。しかもランプが点灯していて作動中。

いつも依頼している探偵会社に電話しました。

ぼくら街金は、探偵に仕事を依頼することが多々あります。

音信不通になった債務者捜し、利払いが遅れはじめた債務者を尾行して収入源を調べる、新しく取引をすることになったブローカーの素性など、把握しておくことが大切だからです。

「ねえ、取立てカーにＧＰＳ付けられてたんですけど……」

「ぎゃははｗｗｗ　どんだけ恨み買ってるんすかｗｗｗ」

「いやいや、ちょう怖いんですけど」

「とりあえず、そのまま取立てカーに付けといてもらえます？　付けたやつがいずれバッテリー交換に来るはずなので、そこ押さえましょ」

「はい、もうこれに乗りたくないんですけど……」

「いままで通り走ってないと、相手も警戒するから、気にせず乗っててください」

「はい……」

ということで、部下にはＧＰＳが付いてることを言わず、いつも通り取立てに行く足として使わせました。

その日は突然訪れました。

翌日、早朝から取立てに行くため会社に泊まっていた部下から深夜の着信。

「て、て、テツクルさん！　すいません！　駐車場に駐めといた取立てカーなんすけど！　下に潜ってなんかやってるやつがいて！　びびったんすけど！　とりあえず捕まえました！　ど、どうしましょう！」

「よしでかした！　いまから行くから逃すなよ！」

「は、はやく来てください！　おいこら暴れるなこら!!」

泊まっていた二人の部下が暴れる犯人を押さえつけてる様子が電話から聞こえてきます。

ぼくはそのままの服装でタクシーに飛び乗り、会社に向かいました。

ぼくが到着したときには、ＧＰＳの犯人は観念したようで、部下二人がキツイ拘束をせずとも逃げる様子はありませんでした。

ＧＰＳの犯人は20代のお兄ちゃんで、まったく面識ありませんでした。

「テックルさーん、遅いっすよー。もう腕パンパンすー！」

「お疲れさんだったね。で、お兄ちゃん、何してたの？」

「……」

「車に付けたＧＰＳ回収に来たの？」

「……」

「まあいいわ、とりあえず警察呼ぶからな」

「え……ぼくどうなっちゃうんですか……」

「うちの敷地に無断で入ったから、不法侵入だな。大丈夫、執行猶予……」

「か、か、会社に電話していいですか！」


お兄ちゃんが携帯で会社の電話番号に発信したのを確認して携帯を奪いました。

「おつかれー、もしもーし？」

お兄ちゃんの会社の人らしき男が出ました。

「あーすいませーん、お宅の人がウチの車にGPS付けてたんですけど、どういうことですか？」

「あ、え、あ……」

「おたく、どこの会社の人です？」

「いや、言えません……」

「言えませんって、おたくの指示でお兄ちゃんがうちにGPS付けに来てるんでしょ？」

「い、いいえ、違います。そんな人知りません（ガチャ）」

「おい、お兄ちゃん、電話切られたぞ！」

「え！　え！　ほんとですか！　え……」

「電話に出た人は、お兄ちゃんのこと知らないって言ってたよ」

「……」

「捨てられちゃったね。で、さっきの電話の人はどこの会社の人？」

「●●探偵社……」

「で、●●探偵社に依頼したのは誰？」

「そ、それは知らないんです……本当なんです……」

　お兄ちゃんは依頼者のことは本当に知らなかったようです。

　お兄ちゃんをこのまま解放することもできないので、かわいそうですが１１０番しておまわりさん登場です。

街金ビルで、不法侵入です！　と伝えただけで、刑事らしき人までゾロゾロやってきました。

刑事さんが、駐車場に設置されていた防犯カメラの映像を見せるよう言ってきました。

部下がお兄ちゃんをボコボコ殴ってたらイヤだな、と思いながらもビデオテープを提供しました。

お兄ちゃんはパトカーで連行され、二人の部下も事情聴取で警察署に向かいました。

聴取から帰ってきた部下、

「聞いてくださいよ！　おれがお兄ちゃん捕まえたビデオ見て、刑事が警察にスカウトしたいとか言ってるんすよｗ　いやー転職しちゃおうかなｗ」

街金で働いてるやつなんてこの程度ばかりです。

後日、お兄ちゃんを捕まえた部下の破れた服や、お兄ちゃんを捕まえる際にできてしまった取立てカーの傷の修理代を請求するために●●探偵社を訪問しましたが、オートロックの扉を開けてくれませんでした。

ぼくも不法侵入になっちゃうんで、諦めました。

【街金マメ知識】⑫

街金御用達の車

街金が使う車はアルファードなどのミニバンが定番なんですが、理由はいくつかあります。

まず、広い。取立てや付け馬（たとえば、債務者が取引先から現金で集金をするときなど、その中から融資金を確実に回収するために同行すること）するのに、広いというだけで本当に助かります。窮屈な車内に債務者と二人きりとか地獄です。ミニバンなら、2列目シートで債務者と話し合いをすることもできます。話し合いです。ドアは債務者に閉めてもらいましょう。

あとは何といっても、圧力です。黒いミニバンというだけでなんでしょう、あの圧力。マイルドヤンキーたちに人気なのもそういうことですよ。

人気の車種はもちろんアルファード。でもぼくは駐車場で同じ車が何台も並んでるのは恥ずかしいので、エルグランド派です。

[Special Contents]

街金百裂拳

貸金業者は、利息制限法で
上限金利が定められています。
事務手数料、書類作成費なども、
この中に含めなければなりません。
上限金利以外に、いかに稼ぐか。
街金の従業員はそんなことばっかり考えています。
そんなテクニックの一部を紹介します。

※弊社はどれもやってませんから大丈夫です

◉不動産調査料

債務者が不動産を担保に融資を受けるとき、不動産の査定についてはアウトソーシングしてる、というストーリーにします。

「Aという不動産屋に査定を依頼してください」

「え、御社で査定しないんですか?」

「うちはAの査定は100パー信用してるんで任せてるんです」

「査定料はいくらかかるんですか?」

「数万から20万くらいだと思いますよ。融資実行時に払えば大丈夫ですから」

「はい……」

◉急に媒介料

債務者が申込みに来た会社とは別の会社が融資をすることになった、というストーリーにします。

「すいません。うちの査定、数字伸びませんでした」

「え、融資できないってことですか……?」

「はい、すいません。かわりにぼくの知り合いの業者を紹介しますよ」

「助かります！　ありがとうございます！」

「一応、紹介ということになるんで、媒介手数料かかるんですけど」

「はい……」

◉ブローカー爆裂拳

街金に申込みに来る債務者の大半は、ブローカーに紹介されて来社します。

当然、ブローカーは自分が紹介したおかげで借りられたでしょ、ということで債務者に手数料を請求します。

街金の担当者は、このブローカーの手数料に手を突っ込みます。

「おい、いくら紹介料取るんだよ。半分よこせよ」

「半分はきついっすよ！」

「じゃ、3割」

「はい……。またお願いしますね……。絶対ですよ……」

◉極度額界王拳

たとえば、2番抵当で1000万借りたいと申込みに来た人がいるとします。

査定を出すのも面倒なので、

「とりあえず、200万貸すよ。残りは細かく査定してからね」

と言い、極度額2000万の根抵当権を設定してしまいます。

債務者は当然、残りはいつ融資してくれるんですか？　と言います。

「まだ査定してるからもうちょっと待って」

ぶっきらぼうに答えます。

これを数ヶ月続けると、借りた200万の利払いが滞る事態に陥ります。

ここで街金は、

「知り合いの貸金業者紹介するから、1番から借り換えして一本化しなよ、足りない分も貸してもらえるかもよ？」

と借金すべての借り換えを促します。

渋々借り換えに合意した債務者、そこで街金は、

「じゃ、借り換えできたから媒介手数料5パーね」

と、手を伸ばします。

◉いきなり開業拳

総量規制の関係で、不動産を担保にしたとしても、勤め人には年収の3分の1までしか融資ができません。しかし、事業者となれば、それは適用されません。


「いまの年収はおいくらですか？」

「600万です」

「じゃ、200万までしかお貸しできないんですよ」

「どうしても500万必要なんです、なんとかなりませんか？」

「じゃ、開業しちゃいましょう」

「開業？　何の事業やるんですか？」

「何でもいいですよ、別に」

「はい……」

◉**買い戻せない特約拳**

お金を借りるとき、通常は抵当権や根抵当権を設定して債権者は保全を確保します。

譲渡担保契約といって、所有権を債権者に移転して保全を確保する方法もあります。

この場合、譲渡担保契約であることを登記したり、債務者が買い戻すことを約した契約を締結します。

「所有権預けるのはいいんですけど、譲渡担保ってことですよね？」

「そだねー」

「なんか普通の売買契約書にみえるんですが」

「契約書には入れないけど、うちから売渡し承諾書出すから」

「売渡し承諾書？」

「うちがあなたに売るって承諾したって証明だから、買い戻せるのが確定したってことだから」

「はい……」

売渡し承諾書に法的拘束力は一切ありません……。

◉2番抵当紹介拳

たとえば、急ぎの資金需要で1000万を借りにきた申込み者がいるとします。

「うちで貸せるのは500万までだよ」

「それだと足りないんです。急ぎで必要なんです！」

「じゃ、うちの次順位で貸してくれる会社紹介するよ。利息高いよ？」

「大丈夫です、ありがとうございます!!」

街金が1番抵当権で年利15パー、次順位で正体不明の会社名義で違法金利で貸し付けます。もちろん、次順位も街金の関係会社で、債務者が代表取締役を務めてたりします。借金を返済できずに人権がなくなった債務者です。

◉印鑑代理押印拳

街金にお金を借りに来る人は、契約書を隅々まで読みません。契約書に押印も街金に任せてしまったりする人もたくさんいます。

「契約に関する書類、たくさんあるからハンコ押してあげるよ」

「お願いします……」

ペタペタ。

金銭消費貸借契約書、抵当権設定契約書、証明書関係すべて網羅した取得委任状、日付ブランクの印鑑証明書取得委任状数枚、いわゆる白紙委任状数枚に押印されます。

［特別対談］

テツクル、債務者と語る

テツクル

◉街金

×

あくのふどうさん

◉債務者代表

テックル氏とあくのふどうさん氏は、ツイッターを通じた知り合いで、日々のツイートを通じて交流を深めている。そんな二人だが、あくのふどうさん氏が、どうしたきっかけかテックル氏の債務者になっているという。

そこで今回、ツイッター上で債権者と債務者になった二人の対談を実現。「街金」について、お互いに感じていることを語ってもらうことにした。

——まず、簡単にあくのさんの自己紹介をお願いします。

あくの　悪徳不動産ブローカーです。以前は新興企業で、買収企業から不動産をはぎ取る山賊業に従事していました。会社消滅後は、曖昧な雑居ビルの一室で、金融機関担当者の靴をせっせと磨いて借りた大切なお金で、隣地のおばあちゃんのほっぺを叩いて敷地を広げる賤業に従事しています。本日は債務者代表としてお招きいただきましてありがとうございます。

テツクル　悪そうだけど、完成度高いプロフィールですね。

あくの　（テンプレにしてあって……）

――あくのさんがテツクルさんにお金を借りたきっかけを教えてください

あくの　いや、なんか普通で。今年２月に２００万円ショートすることがわかっていたので、去年の終わりころに「貸してもらえないか」とテックルさんに相談しました。

テツクル　飲みの席で相談されたので本気か冗談かわかりませんでしたけど……。なんか「いいじゃんいいいじゃん！」みたいな感じで。

――あくのさんは、街金にどんな印象がありますか？

あくの　どんな印象かと言われると……。そもそも、街金の定義がわからないんですが、要するに金利の高い貸金ってことですかね。テックルさん、それで合ってますか？

テックル　ざっくり言うとそうですね。金利高いけど、融資実行まで早かったりとか、多少融通がきいたりとか。

あくの　あー、そういう印象あります。

テックル　街金は怖い印象があるかもしれませんが、期日にちゃんと利息払えば全然怖くありません。遅れなければ、です。

——テックルさんにお金を借りたときや、資金繰りがショートしそうなときの心境を聞かせ

てください

あくの　うーん、いや、何も感じてないです。「あー、ないから借りるか」みたいな感じです。

テツクル　あくのさん、債務慣れしてる。借りる手際よかったですもん。必要書類把握してくれてて、こちらがお願いする前に用意してくれてるし、契約も、あーここですねーってハンコぽんぽん押してくれて。

――今回あくのさんに貸すときは通常と同じように審査をしたんですか？

テツクル　いや、してないですね。あくのさんに貸す名誉で十分です。

――名誉ｗｗ

テックル　利払い遅れたらツイートできる。「あくのさんち取立てなう」。

あくの　ｗｗｗ

――毎月、どのような支払いだったんでしょうか

テックル　融資額の利息を３６５日で割って、それを１ヶ月分毎月ちょうだいしています。あくのさんは、毎月朝イチで振り込んでくれる優良顧客です。

あくの　毎月８９３円多めに振り込みました。

――あくのさん、まだ返済中ですが、もうすぐ完済ですよね。完済日が迫ってくる心境はいかがですか？

あくの　できれば、もうちょっと借りていたいですけど……。

――テックルさん、あくのさんがそうおっしゃってますけど、返済期限を延ばすお客さんへの対応は？

テックル　よそに借り換えしてもらいます。で、紹介料もらいます。ちなみに、毎月決まった利払い日に利息を支払わなかったら翌日から20パーセントの遅延損害金になります。返済期日も同じです。期日を過ぎちゃダメです。あくのさんは全然平気でしたけど。

――あくのさんは、今回の借金を完済したら、今後も借りる予定はありますか？

あくの　うーん、そうですね。返済の期中でも案件があったら借りちゃうかも。

――実際、借りてみて、15％の金利はきついと思いますが、それでも借りるメリットはやはり融通がきくとか、融資実行までの早さなんでしょうか

あくの　金利が高いかどうかは考え方だと思います。たとえば、すごくいい物件を見つけて速やかに買いたいときとか、15％の利息を払ってお金を借りて買ったとしても、それを売って50％の利益を取れたら、差し引き35％で結局は得ですよね。必要なときにさっと資金調達ができるのはすごくメリットが大きいです。普通の金融機関じゃ、こうはいかない。みすみすチャンスを逃すことになってしまう。

――なるほど、わかりやすいです

あくの　話がちょっと変わるけど、不動産の場合、儲けようと思ったときにテックルさんにお願いできれば、別に借入れしなくてもいいんですよ。どういうことかと言うと、テックルさんに、100万円を借りて土地を調達して、その土地を130万円で売ってテックルさんに115万円を返すとします。テックルさんは15万円の儲けです。だったら、土地を仕込んでテックルさんに100万円で買ってもらう。そしてその土地を130万円で売ってもらえば、テックルさんとぼくで15万円ずつわけても、テックルさんの利益は変わらないわけですよ。そういう取引もできる方だというところが、今回借りた最も大きなポイントですね。

テックル　あくのさんの言うとおり、街金ってただ高利で貸すだけじゃないんですよ。利息相当分のお金をもらえれば、一緒に儲けるという話でもいいんですね。金融機関じゃこれはできない。銀行やノンバンクはできない。街金だからできるんです。

あくの　もちろんツイッターで出会った人からお金を借りることにも興味がありましたけど、そういう担保を絡めた不動産取引の話したら、あ、こういう建付け

も理解できる人だってすぐわかって。お金借りた理由も、それかなあ。あとちょっと金利と与信おまけしてくれましたw

テックル　あくのさん、お酒飲んでるのに話の展開が早くて。ぼくはうんうん言ってただけの記憶が……。金利は押し切られました……。こういうお金の借り方や考え方をする債務者は少ないんですけど、不動産のプロの方はあくのさんと同じような使い方をしてくれます。こういう方って安心なんですよね、緻密な計画と計算ができてるから。一方で普段のお客さんは、生きるためのお金借りに来てますからね。計画とか予算という言葉とは無縁の人ばかりです。

あくの　テックルさん、私が「街金に返済するｄａｙ」って返済のツイートを炸裂させてるんだけど、私のほかにツイッター経由で借りる人来ましたか？

テックル　ＤＭ（ダイレクトメッセージ）で貸してって申込みはたくさんあります。

あくの　（紹介料もらえるかな）

テツクル　でも担保ある人いないし。来年医者になるのでとか、彼女差し出しますとか、そんなのばっかりです。

あくの　彼女って……。いくら貸してくれって言ってきたんですか？

テツクル　30万お願いって言われました……。「彼女の同意とってます」とか書いてあって、ツイッターの闇見ました……。彼女の写真が送られてきたら「担保割れやぞ！」って言いたかったんですけど、さすがに送ってこなかったですね。

あくの　来年医者になるっていうのは担保になるんですか？

テックル　なりませんね……。でも本気で借りようとしてるみたいで、断っても断ってもしつこくきました。で、フォローしてるアカウントがソフト闇金とか個人間融資のアカウントばっかり。多重債務の医学生で、苦学してるみたいでかわいそうです。教科書代高いのかな。

――あくのさんのような人から苦学している医学生まで、テックルさんの周りには本当にいろいろな人がいますね。では、最後にお二人から一言ずつお願いします。

テックル　あくのさんとの出会いって、ぼくにとって結構大きいんです。街金に対しても理解があって、あくのさんがそれを広めてくれることで、多くの人に街金の存在が浸透してきたと思います。おかげで、いまではいろんな方にいじっていただけるようになりました。感謝してます（毎月のお利息もありがとうございます）。あくのさんがおっしゃるように、街金は使い勝手がいいので、単純に高い利息を払うだけじゃなくって使い方を考えて、逆に提案してもらえれば、お互いにメリットってあると思うんですよね。ぜひいい提案をお待ちしてます！　もちろん、お金を借りに来る人も大歓迎です。ただし担保のある人ですけど。

あくの　テックルさんと私は同じB／S内の左側と右側みたいなもので、どうしても不動産やってると、資金調達は切り離せない部分だと思うんですね。貸金業者は大勢いますけど、そんな中でも相性が合って、目線が近く、何より発想がめちゃんこ面白いのがテックルさんです。今後はお金を借りることはなくなるかもしれませんが、それはそれとして、長いお付き合いができると、また面白くなっていきそうな予感がしています（どこかで弁済できなくなって、いわゆる債権者と債務者になる可能性の方が高いと思いますけど……）。

テックル　（ニヤニヤがとまりません）

あくの　ぼくはツイッターでの出会いから、彼の債務者になってしまいました。

もちろんテックルさんからお金を借りないほうがいいとは思いますが、めちゃくちゃ急いでいるときや、返済の見込みやお金を回せる見通しが立っているのであれば、建付けが柔軟な「街金」というのは非常に勝手のよいものではないかと考えています。特に不動産取引の場合、チャンスはそう転がっているものではないので、頭のどこかで「これはやるしかない！」と勝機のスイッチが入ったときには、テックルさんにＤＭしてほしいと思います。

（２０１９年5月28日　ツイッター上にて対談・収録）

あくのふどうさん氏
借金完済之儀記念写真

【其の1】

「返済するの、納得いかないんですよねー」と
言いながら現金を差し出す、あくの氏

編集部注：
2019年6月某日、元本の返済をもって、今回対談に参加した債務者代表・あくのふどうさん氏は、ついに借入金完済を果たした。この画像は、特別にお二人の許可を得て、現金が積まれた返済の現場を撮影したものである。

あくのふどうさん氏
借金完済之儀記念写真

【其の2】

記念撮影のカメラ目線をお願いしても、
現金から手を離そうとしない、あくの氏

【借金地獄チェックリスト】

街金を20年以上やっていると、多重債務に陥る人の特徴が見えてきます。

「自分、いまお金がなくて」

そんな人は、いますぐこのチェックを試してください。

チェックの数で、街金へ行っても大丈夫か、簡単にわかります。

□自宅の片付けが苦手、物を捨てることができない
□物欲が抑えられず、クレカの引き落とし日に慌てる
□とっさの嘘が得意
□問題が発生したら、とりあえず解決するよりも逃げる
□何かあると他人のせいにすることが多い
□どちらかというと楽観的
□貯金箱に小銭がパンパンに入っている

□計画を立てるのが苦手
□急いで字を書くクセがあって、字が汚い
□運転免許証の再発行を何度かしている
□うっかりお金の支払いを忘れてしまうことがある
□どんなに貧乏をしても家は守りたい
□自分の周りにはいい人が多いと思う
□細かい作業や文章を読むことは好きではない
□どちらかといえば思い込みが激しい

・0個の人
街金地獄に落ちる可能性はほとんどありません。安心して借りに来てください。
ていうか、借金は必要ないでしょ、本当は？

・1～5個の人

たぶん大丈夫だと思いますが、何かのきっかけで地獄行きかも。返済にはよくよく注意してください。

・6～10個の人

かなり危険です。お金を借りたら担保はなくなるものと思った方がいいレベルです。ぼくらは構いませんけど、とりあえずその覚悟でお願いします。

・11個以上の人

あなたにおすすめするのは、借金ではなくて自己破産です。それでもお金を借りたいというのであれば、お待ちしています。ぼくにはあなたの1年後が見えていますけど……。あ、担保を忘れずにね。

◉おわりに

あなたの借金はいい借金？　悪い借金？
現実的な返済原資のある借金？
返済するための借金？　生きていくための借金？

利息を払うためにお金をかき集める、でもかき集めても足りない。
多重債務で苦しんでるあなた、一度立ち止まって。
信頼できる人にあなたの債務の状況を知ってもらって。
無理してるなら、もう諦めて。
破産して再起めざして。

無理し続けるなら、ぼくら街金は容赦なくあなたの財産をはがします。それがぼくらの仕事だから。

最後に、今回の出版は、札束くん（ツイッターアカウント：@hudousanyatan）の立案のおかげです。足を向けて寝られないので、ぼくは最近北枕です。

ぼく、街金《まちきん》やってます

2019年8月10日　初版第一刷発行

［著者］テツクル

［発行者］小川真輔

［発行所］KK ベストセラーズ
〒171-0021
東京都豊島区西池袋5-26-19
陸王西池袋ビル4階
電話　03-5926-5322（営業）
　　　03-5926-6262（編集）
http://www.kk-bestsellers.com/

［印刷所］近代美術

［製本所］積信堂

［DTP］三協美術

ISBN 978-4-584-13938-7 C0033

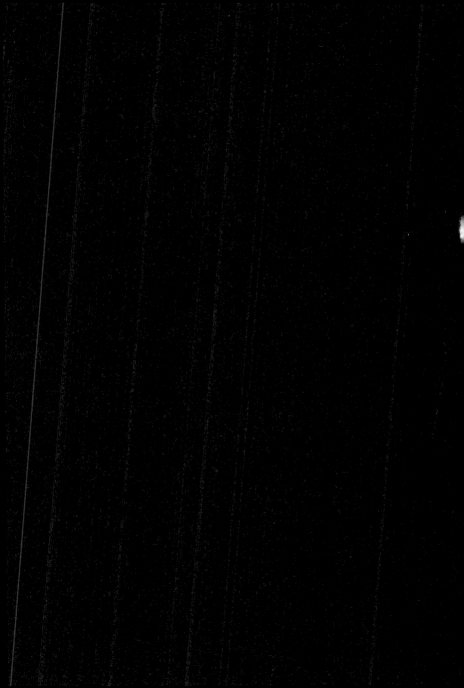